D0627263

La vie au plus près

Pierre Bertrand

La vie au plus près

Liber

Les éditions Liber reçoivent des subventions du Conseil des arts du Canada et de la Sodec.

Éditions Liber
C. P. 1475, succursale B
Montréal, Québec
H3B 3L2
Téléphone: (514) 522-3227

Distribution:
Diffusion Dimedia
539, boul. Lebeau
Saint-Laurent, Québec
H4N 1S2
Téléphone: (514) 336-3941

Dépôt légal: 3ᵉ trimestre 1997
Bibliothèque nationale du Québec

À Sylvie

Nature aime se cacher.

HÉRACLITE

Chapitre I

Pouvons-nous dire l'état dans lequel nous nous trouvons, ou n'est-ce pas peine complètement perdue ? Il y a toujours quelque chose qui se trouve en deçà de toute expression et qui lui échappe, et c'est la vie comme source toujours vive. La vie est l'immédiat, le plus immédiat possible, l'absolument immédiat. Toute conscience vient après, mais on pourrait dire aussi toute émotion, dans la mesure où celle-ci est déjà parole, déjà idéologie, déjà rationalisation, discussion intérieure. C'est cet immédiat, ce noyau absolu qui importe, ce cœur, qui est amour, dans la mesure où il est force, puissance, pure énergie. Tout le sens se trouve déjà là, dans l'exacte mesure où il n'a pas besoin d'être formulé, où il ne peut pas l'être. Vivre soi-même le plus fortement ou le plus purement, c'est demeurer au plus près de ce noyau indicible, en deçà de toute pensée, de tout sentiment et de toute sensation, mais les constituant de l'intérieur, avant qu'ils ne soient nommés, jugés, analysés, constituant de l'intérieur toute conscience, tout jugement, toute analyse. La vie, ou plutôt vivre, c'est le *penser* de toute pensée, le *sentir* de toute sensation, l'*éprouver* de toute émotion, cette réalité absolue qui se trouve en nous, qui nous constitue, qui rend possible tout monde extérieur dans la mesure où celui-ci n'existe que pour un vivant qui le sent, l'éprouve, le pense. La vie est ce mystère absolu au cœur de la matière, au cœur de l'être.

Cette vie, nous n'avons jamais besoin de la chercher, nous sommes d'emblée dedans, elle ne cesse de nous suivre même quand nous la fuyons, quand nous sommes accaparés par le monde des objets, des soucis et des multiples faux problèmes qui occupent notre actualité. Tout notre monde est même construit sur une fuite de cette source transcendantale. À notre époque, c'est l'économie qui occupe toute la place. L'homme se voit dans la logique du monde économique et industriel extérieur. Il ne parle de lui-même qu'en termes de clientèle. Il est un consommateur, un chômeur, une ressource employée ou inemployée, ou encore ne se désigne que par la profession qu'il exerce. C'est le règne de la politique contemporaine où il n'est question que d'emplois, de chômage, d'investissements, de déficit. On oublie que l'économie ne peut avoir un sens qu'en fonction de la vie, que subordonnée à cette instance non seulement plus profonde ou plus essentielle, mais absolue en tant que constituant la base *sine qua non* de toute réalité possible. Mais c'est vrai de toute chose. Si les supermarchés et les centres commerciaux existent, c'est pour nourrir la vie, l'habiller, satisfaire un certain nombre de ses besoins et de ses désirs. Si les moyens de locomotion existent, c'est pour permettre à la vie de se déplacer. Si les gouvernements existent, c'est pour organiser la vie sociale et collective et celle-ci se rapporte directement à la vie des individus rassemblés. L'État est au service de la vie, nommément au service des individus, puisque tout le pouvoir ou la puissance de l'État, à savoir son existence même, comme l'a bien montré Spinoza, provient en dernière instance de la puissance vivante, à savoir de la puissance des individus rassemblés. La vie est le soubassement de toute institution. C'est peut-être trivialité de dire ces choses, mais notre monde est devenu tellement sophistiqué qu'on en oublie sa pure et simple finalité. Le simple est le plus négligé, écrasé qu'il est sous le compliqué. On en oublie que le compliqué n'est tel que pour mieux servir le simple, à savoir la vie nue, la vie pure et simple. Il est vrai que toutes ces complications et sophistications sont elles-mêmes produites par la vie, mais dans la mesure où, comme nous l'avons laissé entendre, celle-ci se trouve toujours en deçà, comme condition de possibilité, en retrait pour ainsi dire, cachée derrière ce qu'elle produit et montre, exhibe par le fait même, si bien que tout ce que la vie produit peut se retourner contre elle, en prenant toute la place, en contribuant à refouler l'origine d'où il vient, en enfonçant la vie dans l'oubli. La source est recouverte par ce qu'elle donne. Tout ce qui provient de la vie peut même caresser le rêve dément de se passer d'elle, mais rien n'y fait, sans elle il n'y aurait rien du tout, et c'est la raison pour laquelle, même latéralement, on doit payer son tribut à la vie brute et absolue, même à son corps défendant, même en n'en parlant pas. Il faut dire que c'est difficile d'en parler dans la mesure où cette source vive se dérobe par définition à toute approche et à toute saisie, à toute pensée et à toute expression, à toute occupation et à toute préoccupation. Elle s'y dérobe puisqu'elle en est la condition de possibilité. Ainsi le monde peut avoir l'impression de n'avoir besoin que de machines et caresser l'illusion que les exploits techniques résoudront tous les problèmes. Plus encore, l'homme se voit comme un objet, se met sur le même pied que ses machines, se laisse complaisamment dominer par elles. Il perd de vue l'essence de la vie, bien que celle-ci ne cesse de jouer et soit à l'origine de cette perte. Il tente de se réduire à ce qui apparaît le moins vivant, le plus bête, au sens d'un mécanisme ou d'un matérialisme réductionniste. Il cherche à se débarrasser de tout ce qui peut l'élever au-dessus de la pure visibilité. Comme si une certaine vie malheureuse d'elle-même cherchait de la sorte à se nier, à se tuer, à se mettre au service et sous la présidence de la mort. Par exemple, l'homme compare son cerveau à un ordinateur et, de façon générale, tente de le comprendre comme une machine sophistiquée : manière de réduire le plus possible l'âme, l'esprit ou la vie. Mais les machines, les techniques, les sciences sont produites par la vie, et si elles laissent de côté celle-ci, si elles la négligent trop, si elles l'anémient, la rendent malade, la détruisent et la tuent, elles se détruisent par le fait elles-mêmes ainsi que toutes les autres productions de la vie.

Peut-être s'agit-il d'une des ironies de la vie, que celle-ci donne précisément naissance à ce qui la refoule, la néglige, la méprise et éventuellement la détruit. Mais une telle ironie provient du trop-plein de la vie, de la puissance incommensurable en quoi elle consiste. Elle est pour ainsi dire trop puissante, trop exubérante, elle en devient comme folle. Sa logique est celle du gaspillage, de l'excès, de la création et de la destruction indissociables tellement elle ne sait que faire de son trop-plein, tellement celui-ci la déborde. Elle crée follement, tous azimuts, dans la gratuité et la surabondance et détruit de même. Dans son exubérance, sa toute-puissance, elle ne fait pas de différence entre création et destruction. C'est donc aussi contre elle-même que sa puissance débordante s'exerce. Paradoxalement, c'est sa propre puissance qui joue contre elle-même et la rend tellement vulnérable. Sa trop grande puissance fait en sorte qu'elle ne se protège pas, et contre qui aurait-elle à se protéger sinon contre elle-même ? C'est une telle situation qu'exprime Nietzsche : « L'esprit est la vie qui taille elle-même au vif de la vie ; son propre savoir s'accroît de sa propre souffrance. » Cette vie est esprit, et elle est joie. Mais, ici encore, joie surabondante, qui ne connaît pas de limites, joie excessive, au point qu'elle ne trouve d'autre épanchement parfois que dans la douleur. « Qu'est-ce que ne veut pas la joie ! Elle est plus assoiffée, plus cordiale, plus affamée, plus effrayante, plus secrète que toute douleur [...] elle veut de l'amour, elle veut de la haine, elle est d'une surabondante richesse, elle prodigue, jette [...]. La joie est si riche qu'elle a soif de douleur, d'enfer, de haine, de honte, d'infirmité, de monde [...]. Car toute joie se veut elle-même, c'est pourquoi elle veut aussi la peine du cœur ![1] »

Nous touchons, une fois de plus, au caractère illogique de la vie, à son caractère incompréhensible, qui tient à sa trop grande puissance, beaucoup plus

---

1. Nietzsche, *Ainsi parlait Zarathoustra*, traduit par Georges-Arthur Goldschmidt, Paris, Le Livre de Poche, coll. « Classiques de la philosophie », 1983, p. 128 et 377. C'est que tout est profondément enchevêtré, étroitement lié : « Minuit est aussi midi. La douleur est aussi un plaisir, la malédiction est aussi une bénédiction, la nuit est aussi un soleil, — [...] un sage est aussi un fou. Avez-vous jamais dit oui à un plaisir ? [...] alors vous avez dit oui aussi à *toute* douleur. Toutes les choses sont enchaînées, enchevêtrées, amoureuses les unes des autres » (p. 376).

grande que celle de notre intelligence, qui n'est qu'un produit ou un fragment de cette puissance, qu'un élément ou un degré, une certaine quantité de celle-ci. C'est par trop grande générosité que la vie se révèle, par produits interposés, si dure vis-à-vis d'elle-même. Par trop grande générosité, elle ne pense pas à elle-même, elle ne peut même pas y penser, elle se néglige, elle se malmène, se met dans les situations les plus périlleuses, par pur goût du risque, pur goût du jeu — le jeu gratuit, toujours risqué et dangereux, de vivre. La vie, précisément parce qu'elle est tellement puissante, court tous les dangers. Elle se les fait courir à elle-même. Elle ne peut faire autrement. Vivre intensément est toujours affronter la mort, sous une forme ou sous une autre, y compris sous la forme d'une vie à l'extérieur d'elle-même, absorbée dans ses propres produits qui l'oublient et qui la nient. La vie est tellement riche qu'elle peut se payer le luxe de la pauvreté et du dénuement, elle est tellement créatrice qu'elle peut se payer le luxe de la destruction et donc, puisqu'elle est constitutive de tout, de l'auto-destruction.

On ne pense pas à la vie. Pour dire les choses plus précisément, on ne peut pas y penser. Quand on y pense, c'est toujours à autre chose que l'on pense, elle est plutôt présupposée dans tout ce que l'on pense. La vie se trouve en deçà de toute psychologie, on ne peut donc pas la décortiquer, l'analyser, elle se dérobe à toute saisie par quelque moyen que ce soit. Par contre, elle se donne d'emblée à elle-même, elle est toujours déjà là, toujours en train de se sentir et de sentir, d'éprouver et de penser. Elle n'est pas sensation, mais *sentir*, non pas pensée, mais *penser*, l'acte vivant et non l'objet déjà mort, produit par l'acte de vivre, mais toujours dépassé par cet acte toujours en cours. Elle est puissance calme qui donne lieu à toutes les agitations, puissance silencieuse qui donne naissance à toutes les pensées, à toutes les paroles. Mais la vie en elle-même se dérobe nécessairement à toute pensée et à toute parole. On ne peut que tourner autour dans l'art, la littérature, la science, la philosophie... On peut la pointer du doigt, mais on ne peut la toucher. Aucune pensée, aucune poésie ne peut l'atteindre. On atteint alors une représentation, une objectivation, une extériorisation de la vie, et non la vie même comme immanence ou intériorité radicale, source transcendantale, donnant toute représentation, objectivation et extériorisation, et donc s'y dérobant sans cesse.

Parce que nous n'avons pas accès au noyau, nous sommes surpris devant certains effets. La vie nous semble obéir à une logique absolument illogique : de bonnes circonstances engendrent de piètres effets, et de bons effets découlent de mauvaises circonstances. Qui plus est, les choses semblent s'accomplir en dépit des circonstances plutôt que grâce à elles, du moins si on en juge du point de vue d'une logique plus superficielle, plus raisonnable ou rationnelle, dans la mesure où la raison ne peut avoir accès à la vie profonde, mais en reste toujours à certaines apparences, à certaines productions ou extériorisations de cette vie. Mais toutes les productions de la vie, une fois que celle-ci les a abandonnées, deviennent des choses mortes que la vie doit traverser pour frayer son chemin. Ces choses mortes servent d'obstacles à la vie, ou encore doivent être réactivées par elle. En tant qu'obstacles, en vertu de la logique paradoxale de la vie, elles peuvent aussi servir de stimulants. Même les plus belles productions de la vie meurent une fois détachées d'elle. Il en va ainsi des œuvres d'art, des œuvres littéraires, philosophiques, scientifiques. Elles pourront être réinvesties par une autre vie active, à l'intérieur du processus d'une autre vie et ce n'est que de cette façon qu'elles ressusciteront. Pour redevenir vivantes, elles devront être de nouveau subordonnées à la source vive, comme elles l'étaient au point de départ en tant que produites par elle. Bien souvent, au contraire, ces œuvres ou ces produits et toute la gamme des objets qui gravitent autour sont pris pour l'unique sens et finalité dans l'exacte mesure où leur source est tellement considérée comme allant de soi qu'elle est oubliée. C'est alors qu'on fait la part difficile à la vie, qu'on la meurtrit, la blesse, la met dans les pires conditions, ce qui est le propre de toutes les époques, et plus particulièrement de la nôtre. On oublie que tout ce qui est, que tout ce qu'on a est par et pour la vie, et n'a pas d'autre sens. La vie souffre et on la laisse souffrir, plus encore les conditions instaurées président à cette souffrance, la favorisent. On est incapable de lâcher l'ombre pour la proie, à savoir l'objet pour la vie. Et bien souvent, on meurtrit irrémédiablement et détruit une vie, deux vies, d'innombrables vies à l'intérieur d'une organisation économique inique et inhumaine, ou au cours de guerres engendrées par les haines superficielles, les conflits d'intérêts, les préjugés, etc. Toute la surface, qui provient pourtant en première ou dernière instance de la source vive de la vie, en oubliant cette source, se rabat sur elle, l'écrase et l'étouffe. Mais d'autres vies résistent, acquièrent même une force nouvelle des obstacles qu'elles rencontrent, car elles savent qu'elles détiennent toute la puissance, que ce sont elles qui la donnent, que tous les objets qui servent d'obstacles ont eux-mêmes été les récipiendaires de cette puissance maintenant devenue néfaste d'être passée du côté de la mort, les objets se constituant lorsqu'ils tombent en eux-mêmes hors du flot créateur de la vie.

La science, y compris donc la biologie, ne peut pas expliquer la vie puisqu'elle est une production ou une création de la vie. La vie donne la science ; sans la vie, il ne peut y avoir de science, et, pour la science, connaître la vie impliquerait plus que se connaître parfaitement elle-même, cela impliquerait de connaître toutes les autres productions de la vie. Et quand toutes les productions seraient connues, demeurerait encore dans l'ombre le producteur, la source éternellement énigmatique. La vie dont parle la science est une vie extériorisée, objectivée, représentée, et non la vie en elle-même comme réalité absolue, immanente, donnant naissance, entre autres, à la science. La science, tout comme l'art, la littérature, la philosophie, ne peut parler de la vie que comme quelque chose d'extérieur, un objet, alors qu'en elle-même la vie est pure immanence ou intériorité, pur rapport à soi sans distance, donc inobjectivable, irreprésentable. Art, littérature, philosophie, science en restent à une représentation de la vie. Celle-ci n'est accessible de l'extérieur que comme représentation. Elle ne se présente qu'en elle-même, qu'à elle-même, chez le vivant qui se sent vivant, sans jamais pouvoir l'expliquer, ni l'extérioriser, toute extériorisation, dans un objet, une pensée, une parole, une écriture, une loi, une formule mathématique, n'étant jamais la vie elle-même, mais quelque chose de mort, que la vie comme processus a déjà abandonné pour être vivante uniquement en elle-même, dans son éternel présent ou son intemporalité.

Cette double dimension, extérieure et intérieure, visible et invisible, se retrouve à la grandeur de l'univers. En fait, l'univers désigne la dimension extérieure. La dimension intérieure ne se « trouve » nulle part. Univers, cosmos, « grand Tout » désignent uniquement la dimension extérieure. La réalité comporte une dimension supplémentaire, qui est intérieure. C'est ainsi que, chez Spinoza, le tout n'est qu'un mode de la substance se rapportant à l'attribut *étendue*, l'attribut *pensée* constituant l'autre dimension. La dimension intérieure n'est pas de la nature de l'être, qui appartient plutôt au dehors, à l'extériorité, à la visibilité sensible et intelligible. La dimension intérieure est la vie. Sans cette dimension, la réalité extérieure n'existe pas. Il n'y a de réalité extérieure que du point de vue d'une réalité intérieure, d'une sensibilité, d'une affectivité. Toujours du point de vue de cette sensibilité, il n'y a pas de distinction entre intérieur et extérieur, dans la mesure où ce dernier, en tant que senti, perçu, pensé, ne fait forcément qu'un avec la dimension intérieure. C'est ainsi que, chaque fois qu'un individu ou qu'une vie naît, un univers apparaît, et chaque fois qu'il meurt, un univers disparaît. Nous retrouvons, ici, la pensée de Leibniz : une monade est un univers ; il y a autant d'univers qu'il y a d'individualités. Une vie est toujours une forme quelconque d'individualité ou de subjectivité. Toutes les autres vies font partie de ma vie, mais en tant qu'elles sont à l'extérieur d'elles-mêmes, qu'elles ne sont pas immanence, mais à l'intérieur de mon immanence. C'est ce que signifie l'immanence de la vie : tout ce qu'elle sent, perçoit, pense, lui est intérieur. Chaque individu soutient un univers qui naît et meurt avec lui. Il ajoute à cet univers par sa propre création. Cet univers est individuel ou subjectif, en plus d'être également objectif, c'est-à-dire extérieur. Mais cet extérieur est senti, perçu, pensé, imaginé, remémoré, travaillé par une vie. Et dans l'immanence de cette vie, il n'y a pas de division ou de frontière entre intérieur et extérieur. Car si la vie est essentiellement intériorité, dans son déploiement elle est a priori ouverte sur le dehors, elle est en même temps, inséparablement, immanence et ouverture. J'entre d'emblée en contact avec des corps extensifs, situés dans un espace, un dehors ou un monde, des apparences, des images physiques et psychiques. Et réciproquement, je fais partie de l'univers des autres vies. Qu'est-ce qui n'est pas vivant ? L'animal, la plante le sont. Mais tout n'est-il pas vivant, d'une manière ou d'une autre ? Toute chose qui est pour un autre ne doit-elle pas d'abord être pour elle-même, à savoir être dotée d'un subtil rapport à soi qui est la définition même de la vie humaine, animale, végétale, minérale, même si ce rapport varie d'une individualité à l'autre ? La nature n'est-elle pas vivante, cette Nature équivalente à Dieu, selon Spinoza ? N'est-elle pas douée en effet, tout comme l'homme, d'une intériorité forcément secrète, invisible et mystérieuse ? Et Dieu n'est-il justement pas le nom de cette intériorité, dont l'extériorité s'appellerait monde, nature, univers ? D'ailleurs, si l'homme fait partie de la nature, n'est-ce pas parce qu'il est à son image ? Ne dit-on pas que la nature est intelligente ? Mais l'intelligence n'est-elle pas la même chose que l'esprit et que la vie ? L'*esprit* ou l'*âme*, pour désigner la vie, n'est pas bien sûr un objet, une substance ou une chose, mais n'est qu'un autre nom pour indiquer le rapport à soi qu'est la vie, à savoir l'affect. Semblablement, le corps en tant que vivant n'est pas non plus un objet. C'est un corps habité, un corps psychique, mental ou spirituel, vécu de l'intérieur, senti de l'intérieur, à savoir un corps vivant et sentant et non un corps objet. Ainsi peut-on dire, en recourant aux termes de la philosophie traditionnelle, que l'*esprit* est le rapport immédiat et direct à soi du *corps*, ou la vie. Ou en parlant comme Descartes, que l'esprit est le moi lui-même, le moi en acte toutefois, et non, comme l'affirme Descartes, le moi comme «chose» ou «substance». Le corps, en tant que se sentant lui-même, est esprit. L'esprit est activité, et non pas entité. En ce sens, l'esprit ou l'âme, de même que le corps, est une réalité transcendantale et non transcendante. C'est une «réalité» qui, en regard de l'objet ou de la «chose» transcendante, est apparentée au *rien*, à un pur affect. Pour reprendre les attributs spinozistes évoqués plus haut, Dieu comprend la *pensée* et l'*étendue*, les dimensions intérieure et extérieure, celle de la vie qui sent de l'intérieur et celle de l'objet vu de l'extérieur. Ou encore, Dieu est le rapport à soi du monde, la dimension intérieure d'une extériorité qui est le monde, la face intensive d'une extension. Les deux dimensions sont inséparables. Dans notre monde, la dimension extérieure a tendance à écraser la dimension intérieure. Nous n'en avons que pour le visible, l'apparemment concret, le soi-disant matériel. Mais la vie est aussi concrète, irréfutable, et sans elle tout le reste disparaît, la matière morte ne pouvant exister que comme la retombée d'un flux de vie jaillissant, comme une extériorisation ou une objectivation de ce flux, précisément pour un vivant, à savoir pour une intériorité, un pur rapport à soi sans distance.

La vie est folie, irrationalité, injustice. On cherche un ordre, un sens, que ce soit en science, en art, en littérature ou en philosophie. Mais tout sens, tout ordre fait partie d'une folie plus ample, proliférante, gaspilleuse. Certains naissent riches, d'autres pauvres, certains malades, d'autres en bonne santé. Les religions et les philosophies cherchent une logique. Cette logique existe certes, mais comme partie d'un illogisme plus ample, illogisme créateur de toutes les logiques. Le soi-disant méchant peut être plus heureux que le soi-disant bon. Comme le dit Spinoza, l'homme cherche à imposer les critères de sa raison, alors que «l'homme n'est qu'un fragment minuscule[2]» de la nature, de Dieu ou de la vie. Quelle est la logique des humeurs et des états par lesquels un individu passe? La vie prête au riche et enlève à celui qui n'a pas. Bien souvent, c'est le médiocre qui a du succès et s'enrichit alors que l'individu de valeur n'a de reconnaissance que posthume. La vie est pleine de surprises. Elle donne au moment où l'on s'y attend le moins, et reprend de même. Comme le Dieu de Pascal, elle accorde sa grâce sans tenir compte du mérite. Non pas que nous soyons prédestinés, mais c'est comme pour la pluie et le soleil, les reçoivent ceux qui passent par là. Nous faisons tous les efforts pour comprendre, et on doit admettre, avec Socrate, qu'on ne sait pas. En fin de compte, l'homme sait peu de chose, et ce peu qu'il sait, ce serait aussi bien qu'il ne le sache pas, car ce savoir l'enferme plutôt que de l'ouvrir, trace dans son cerveau comme des sillons d'habitude. À l'heure de la mort, l'homme est aussi ignorant qu'à l'heure de sa naissance. Tout ce qu'il a appris, il a dû apprendre plus encore à le désapprendre. L'ignorance est un art plus profond que toute connaissance. En même temps, la vie est une grâce, un don, une merveille. À la fois une injustice et un

---

2. Spinoza, *Traité de l'autorité politique*, traduit par Roland Caillois, Madeleine Francès et Robert Misrahi, dans *Œuvres complètes*, Paris, Gallimard, coll. «Bibliothèque de la Pléiade», 1954, p. 926.

don, une terreur et une merveille, une horreur et une grâce. Nous sommes à côté de la vie, nous ne savons pas vivre, et ce faisant nous sommes toujours à l'intérieur de la vie, ne pas savoir vivre peut être tout un art de vivre.

Nous ne comprenons pas la vie, nous pensons parfois la comprendre, avoir perçu en elle une logique, et nous tentons de suivre cette dernière. Mais cette logique nous perd, ou nous nous perdons en elle. Elle nous abandonne, nous devons l'abandonner, emportés par le courant de vie qui ne connaît aucune logique, les engendrant toutes, parfois pêle-mêle, l'une à la suite de l'autre, superposées, entrelacées. Façon de dire que la vie nous surprend, nous déjoue, déjoue tous nos plans. Mais cette vie n'est rien d'autre que nous-mêmes, notre propre individualité ou subjectivité, ce que l'on ressent, ce qui nous arrive. Nous ne maîtrisons pas cette vie. Nous ne nous sommes pas donné la vie. Et ce ne sont pas nos parents qui nous l'ont donnée, car ils ne se la sont pas donnée à eux-mêmes, mais l'ont reçue. De qui ? De quoi ? De Dieu, de la matière, de la nature, de la vie, d'un processus toujours déjà commencé, qui nous a jetés, sortis de sa corne d'abondance, projetés dans tous les sens. Cette vie, nous la subissons, nous la souffrons puisque nous n'avons pas le choix, sinon d'être toujours nous-mêmes, à l'intérieur de nous-mêmes, et de sentir, ressentir sans cesse, jour et nuit. Sauf, peut-être, au moment du sommeil profond où nous goûtons la volupté de la disparition, volupté fugace par définition. Cette vie nous vient d'ailleurs, elle nous a été donnée, elle s'est donnée à elle-même en nous-mêmes, elle ne cesse de se donner en nous-mêmes, à travers les siècles.

La vie ne se montre pas, pas plus à un autre qu'à elle-même. Car pour se montrer, elle doit se mettre à distance, se situer dans une extériorité, y compris vis-à-vis d'elle-même. Et ce faisant, elle se rate. Elle n'empoigne qu'une ombre, que son double exsangue, mort. Elle ne peut faire l'objet d'aucun voir, elle ne peut être objet, elle n'existe que là où elle est, en elle-même, elle ne se manifeste qu'en elle-même, en s'éprouvant soi-même. Son être est son *apparaître*, un être qui apparaît immédiatement à lui-même et qui n'apparaît qu'à lui-même. Plus encore, un être qui consiste à s'apparaître à lui-même puisque la vie n'est rien d'autre qu'autorévélation, auto-affection, auto-épreuve. Elle demeure forcément cachée à toute extériorité quelle qu'elle soit, aussi bien intelligible que sensible, aussi bien à la vision de l'esprit qu'à l'œil du corps. La vie ne peut jamais être mise à distance. Elle échappe donc en son fond à tout discours, à toute science, à toute littérature, à toute poésie, à toute expression autre qu'elle-même, à tout ce qui l'objective, l'extériorise, la représente. Elle y échappe parce qu'elle en est d'abord le fondement ou la condition de possibilité. Elle est l'a priori absolu. Elle commence avec elle-même et en elle-même. C'est ce qui explique que les biographies, les autobiographies et l'écriture dite intime (Mémoires, confessions, journaux...) soient fausses et cela en tant même qu'elles prétendent à la vérité. On peut comprendre à partir de là que la vie de grands auteurs, Kafka, Proust, Beckett, etc., n'offre pas grand-chose sur le plan des apparences, des anecdotes, des aventures. Elle ressemble plutôt à une ombre, car l'essentiel est précisément invisible. Et c'est de cet invisible que provient l'œuvre. Dans le même ordre d'idées, la biologie est fausse en tant même qu'elle est vraie comme science. En effet, elle doit prendre la vie comme objet, or la vie comme intériorité non spatiale n'est précisément jamais un objet. Certes, la biologie se rapporte au corps, mais au corps extérieur ou extériorisé, au corps objet, au corps image ou fantasme, au corps vu dans un miroir ou vu par un autre et non au corps vivant, spirituel ou intérieur, non spatial ou transspatial, à savoir au corps ne faisant qu'un avec l'esprit, dans la mesure où l'esprit n'est rien d'autre que le corps vivant même, le corps réel ou concret, mais non localisé, inaccessible à une vision sensible ou intelligible, corps qui sent et se sent lui-même, le corps transcendantal, le corps non pas perçu de l'extérieur mais le corps habité, le corps en tant qu'identique à un vivant, ne faisant qu'*un* avec l'esprit, au point, comme dit Nietzsche, que « je suis corps de part en part, et rien hors cela; et l'âme ce n'est qu'un mot pour quelque chose qui appartient au corps[3] ». De même, biographie et autobiographie n'ont accès à la vie que de l'extérieur, comme à une entité transcendante. Et cela, qu'il s'agisse non seulement de la vie comme ensemble de faits ou d'anecdotes, mais également de la vie psychologique qui doit être, elle aussi, extériorisée, sortie de la source vive, éternellement jaillissante en quoi elle consiste comme action de s'éprouver et d'éprouver, comme corps intérieur ou invisible. La vie intérieure, en effet, quand on veut y avoir accès autrement que dans l'acte de son sentir, doit être mise en représentation ou en extériorité, et est forcément ratée pour ne donner prise qu'à un double qui n'est pas elle, mais une image, une image forcément morte, puisqu'elle seule, en elle-même, est la vie. La seule vérité, la seule réalité absolue, en ce qui concerne la vie, est la vie elle-même, en son pâtir et son surgir, en son souffrir et son

---

3. Nietzsche, *op. cit.*, p. 48.

jouir, en son processus et son présent, en son devenir et son être, et nulle part ailleurs. Nulle part en fait, puisque toute part se trouve dans un espace ou un dehors, là où la vie ne se trouve jamais. Cette dimension de l'extériorité est engendrée par la vie, et celle-ci ne s'y trouve jamais, mais la précède ontologiquement ou transcendantalement. La vie n'a d'autre lieu, non spatial s'entend, qu'elle-même, que son sentir et son ressentir. Le corps extérieur se trouve dans l'espace, dans le monde, dans un dehors, mais le corps intérieur est la vie transcendantale ou originaire et ne se trouve à proprement parler nulle part, mais seulement en lui-même comme acte de sentir ou d'éprouver.

Les apparences ne peuvent être que trompeuses. En cela réside toute la difficulté du cinéma ou de la photographie de montrer la vie. On aura beau montrer les corps, montrer les comportements et les actions, montrer les motivations... En fait, on ne peut *montrer* la vie, celle-ci est invisible. Tout ce qu'on verra pourra induire en erreur. D'où l'extrême difficulté de juger, car on ne juge qu'à partir de ce qu'on voit, pas seulement comme réalité sensible, mais aussi comme réalité psychologique. On aura beau montrer, décrire, raconter : l'essentiel échappera. C'est d'ailleurs pourquoi l'art tente d'échapper au figuratif. Aucun réalisme ne peut donner la réalité. Derrière les apparences, la vie est insaisissable et dans son parcours incessant ne reste pas en place. C'est ce qui explique qu'on doive recourir à la contradiction, au paradoxe pour rendre compte d'un acte ou d'un geste. Bien et mal sont étroitement imbriqués de manière même à être indiscernables. Défauts et qualités sont inséparables. Plus on pousse l'analyse, plus on fait appel au paradoxe, plus on doit triturer le sens des mots, comme les écrivains doivent faire crier la grammaire et la syntaxe dans leur tentative d'exprimer au plus près la vie telle qu'elle est. L'entreprise est finalement un échec, mais cet échec est nécessaire et constitutif de toutes les réussites de l'homme.

Comment accorder toute son importance au corps intérieur ou à la vie, comment ne pas être dupe du redoublement ou de la séparation qui met la vie à l'extérieur d'elle-même, qui nous met en contact avec une image alors que nous la ratons elle-même? Comment être au plus près de la source vive, de la réalité ou de la vérité de la vie? Comment être au plus près de soi-même, comment court-circuiter les faux problèmes engendrés par la séparation ou l'illusion du dédoublement? Comment sentir le plus intensément? En d'autres mots, comment être le plus fortement au cœur même de la vie, et non dans une image ou une représentation? Dans le passage *obligatoire* de la vie à sa représentation ou à son image, l'homme ment nécessairement. Il n'a pas le choix, ce mensonge ne provient pas d'une volonté de cacher, mais du désir même de véracité. La vie dans sa source vive, à savoir en elle-même, ne peut que se dérober à toute approche ou perspective extérieure. Cela ne touche pas qu'à la distance de la pensée ou du langage, mais à celle de toute représentation, que ce soit par la peinture, la sculpture, la musique, etc. Seul le vivant a accès à la vie, et même là, dans la mesure où il doit avoir recours à une forme quelconque d'extériorisation, la vie dans son intériorité lui échappe. C'est dire que le vivant, dans ce qui le constitue, s'échappe à lui-même. Dans la mesure où le vivant doit nécessairement avoir recours à une forme de représentation pour accéder à lui-même ou à la vie, on peut dire que la vie est plus forte, plus profonde, plus fondamentale, plus originaire que tout vivant. La vie comme source vive se trouve en deçà de toute expression, de tout sens, de toute signification, de toute interprétation. Quoique, bien sûr, toutes ces manifestations proviennent de la vie, soient comme des effets secondaires et plus ou moins superficiels ou profonds de son jaillissement incessant. Il y a une distance irréductible entre ce qui n'a aucune distance avec soi, à savoir la vie même, et ce qui n'acquiert au contraire d'existence que par une mise à distance ou une forme quelconque de séparation ou de division, l'objet en tant que placé devant, la représentation en tant qu'à l'extérieur de ce qui se présente de lui-même, l'image en tant que vision, fût-elle celle de l'imagination, de l'intellect, ou de l'esprit. Quand l'homme ment en tentant de parler de lui-même, de la vie, ou de sa vie, il s'agit donc d'un mensonge métaphysique, par-delà bien et mal, inscrit dans la nature ontologique des choses. La vie en elle-même n'a pas de sens, elle est. Elle n'*a* pas, elle *est*. Tout sens provient d'un point de vue, à savoir d'un point de vue extérieur sur la vie, même si ce point de vue, comme intériorité, est également et forcément vie. Mais ce point de vue comme vie est différent de ce qu'il voit. La vie qu'il voit n'est pas la vie qu'il est. La vie qu'il voit n'est pas la vie, mais une représentation, une image de celle-ci. Cette image, cette représentation, comme affect, comme sensibilité, comme affect de soi par soi, est aussi vie, mais une fois de plus, la vie qu'elle est n'est pas la vie qu'elle a ou qu'elle voit comme image ou représentation. J'éprouve un sentiment, amour, haine, angoisse, ennui. Ce sentiment ou cet affect est moi, est vie. Quand je le nomme, comme je viens de le faire, je le mets devant moi, je l'extériorise, ce n'est plus moi et ce n'est plus la vie ou ma vie. J'ai ce sentiment, je ne le suis plus, ou j'ai le sentiment de ne plus l'être. Mon sentiment s'est éloigné de moi. J'ai alors perdu le contact avec la chose vivante, en la nommant, en la représentant, je l'ai tuée. Une séparation ou division s'est installée entre le vivant et le vécu, le moi et la chose éprouvée, l'observateur et l'observé. Je vois mentalement l'affect que je nomme. Mais l'affect nommé n'est pas l'affect éprouvé. Ce dernier est proprement innommable, en deçà de tout nom, il ne fait qu'un avec moi ou ma vie. Dans cette proximité absolue, la vie acquiert une grande intensité, car toute mise à distance ou en représentation est comme une déperdition d'énergie, un manque d'attention et, en regard de la vie absolue, un faux problème.

La conscience ne cesse de mettre à distance, d'objectiver, de créer des objets mentaux, de voir. Elle le fait du monde extérieur et du monde intérieur. Elle constitue ces mondes comme tels. En deçà d'une telle conscience, le monde extérieur comme le monde intérieur est moi, est vie. Du point de vue de la plus haute intensité, c'est-à-dire du point de vue de la vie absolue ou originaire, « tout n'est qu'une seule vie, brûlante, éternelle[4] ». Je suis le monde et le monde est moi. C'est la vie comme immanence, le domaine de l'affect pur, de la vie comme pure puissance. Cette énergie proliférante est joie ou amour, mais en tant que celui-ci n'a pas de nom, car avec un nom, il est extériorisé et n'est plus la chose même, l'affect même. Cette joie ou cet amour ne peut trouver les mots pour se dire. Il se sent immédiatement. Il est un état de la vie, un affect de la vie en tant que présente à elle-même, donc en deçà de toute parole ou de toute pensée.

---

4. Hölderlin, *Hypérion ou l'Ermite de Grèce*, traduit par Philippe Jaccottet, Paris, Gallimard, coll. « Poésie », 1973, p. 240.

Par conséquent, le lot de l'homme est bien plus l'inconnu que le connu. Car l'essentiel, la vie dans son immédiateté, est inconnu, inconnaissable. Toute connaissance le rate, en fait autre chose que ce qu'il est, n'en offre qu'un double, un équivalent peut-être, une traduction mathématique, mais pas la chose même. C'est pourquoi nous ne savons ou ne comprenons pas plus en mourant qu'en naissant. Il n'y a pas de progrès dans la vie, car on ne peut passer de l'inconnu au connu, du moins en ce qui concerne l'essentiel dont il est ici question. On ne peut qu'aller de l'inconnu à l'inconnu. C'est pourquoi également la vie jamais n'acquiert de sens, car cela supposerait de la connaître. Nous sommes dans la vie comme des poissons dans l'eau. Nous la sentons, la subissons, nous y débattons, en souffrons et en jouissons, mais toujours comme partie prenante et prise, constitutive et constituée, une fois dit qu'il n'y a pas d'autre façon d'y être. Et nous n'avons pas d'autre choix que d'y être. Même vouloir en sortir, chercher à en sortir, en sortir effectivement est une manière d'y être toujours. Nous ne pouvons sortir de la vie. C'est ce qu'avaient déjà compris Épicure et son disciple Lucrèce. Ne pas être dans la vie, donc ne pas être tout court, est une pure abstraction, une spéculation, ou encore une représentation qui ne peut, par définition, qu'appartenir encore et toujours à la vie. Nous collons à la vie comme à notre peau, comme l'esprit colle au corps. La vie est immortelle tant qu'elle est en vie.

Toute mise en extériorité est réductrice. Nous évoquions plus haut la photographie. Comparons ce qu'elle montre de quelqu'un en regard de ce qui se trame à l'intérieur et qui est invisible. La photographie ne montre qu'un *mort*, d'ailleurs souvent effectivement mort au moment où la photographie est regardée par un vivant, alors que la personne photographiée était vivante, à l'intérieur d'elle-même, aux prises avec des affects que la photo ne révèle pas, et qui sont pourtant l'essentiel du moment vivant où la photo a été prise. Oui, toute photo a quelque chose de funeste et de funèbre. Elle change le vivant en mort. N'est-ce pas aussi ce qui se passe quand nous nous regardons dans un miroir? Il y a toute une différence entre celui qui regarde et celui qui est regardé. Celui qui regarde se sent lui-même, est vivant, caché en son intériorité, alors que celui qui est regardé est extérieur à lui-même, plus ou moins mort. C'est la différence que nous ressentons quand nous nous regardons dans un film. C'est nous, et pourtant ce n'est pas nous, il s'agit de quelqu'un d'extérieur à nous. C'est toute la différence entre le vu et le vécu, l'intérieur et l'extérieur, le vivant et le mort, l'en-train-de-se-faire et le tout-fait, l'éternellement inachevé et l'accompli, l'inconnu et le connu, l'innommable et le cliché, la réalité et l'apparence. Ou encore, ce que la pornographie montre de la sexualité en regard de la sexualité vivante. Alors que la sexualité pornographique est plate et vide, froide et mécanique, bref ennuyeuse, la sexualité vivante est puissance débordante, désir fou, mystère, labyrinthe, abîme. La pornographie ne met en scène que des corps extérieurs ou extériorisés, des organes, des faits, des gestes, des objets, alors que la sexualité comme désir concerne d'abord et avant tout l'intériorité, le senti, le mystère du contact de deux individualités ou de deux vies. Ce qui communique dans la sexualité vivante, par opposition à la sexualité représentée ou exhibée, ce sont les corps intérieurs ou invisibles habités par cette modalité fondamentale de la vie qu'est le désir. Les corps sont habités de l'intérieur, et c'est de l'intérieur que la sexualité advient. Façon de dire que la sexualité est celle du corps entier, et pas seulement du sexe en tant que réduit à un organe et à une fonction[5]. La pornographie *montre* tous les signes extérieurs du désir, mais celui-ci en tant que réalité invisible lui échappe nécessairement. La pornographie est la sexualité sans désir, à savoir sans vie, morte, une sexualité d'organes, de rouages et de machines. Mais c'est l'apparence que prend nécessairement toute vie vue de l'extérieur. Les corps perçus sont sans désir, celui-ci ne se trouve que chez le corps percevant, ou voyeur, à qui s'adresse la pornographie. Seul le corps percevant est vivant, mais d'une vie qui s'oublie dans la vision ou le voyeurisme, à savoir dans l'extériorité.

Pornographie et médias ont beaucoup en commun. Les médias effectuent toutes les extériorisations possibles. C'est d'ailleurs principalement là leur principal défaut. On prétend tout savoir alors même qu'on ne voit que la surface. Et même quand on montre l'intérieur, c'est en en faisant une nouvelle surface, une nouvelle apparence, un nouveau cliché. Les médias ne parviennent pas à aller plus loin que les apparences, celles-ci seraient-elles plus ou moins profondes, et plutôt moins que plus dans le cas des médias, plus encore, ils transforment toute réalité en apparence, c'est la définition même de leur fonction. Et comme les médias ont le haut du pavé, cela indique assez bien la superficialité du monde dans lequel nous vivons. En fait, et pour le dire d'un mot,

---

5. On comparera avec ce que dit Jean Baudrillard : « Le sexe n'est pas une fonction, c'est ce qui fait qu'un corps est un corps, c'est ce qui excède toutes les parties, toutes les fonctions diverses de ce corps » (*Simulacre et simulation*, Paris, Galilée, 1981, p. 149).

nous étouffons sous les images des médias qui ont tout envahi. Les médias opèrent une mise en images ou en extériorité généralisée. Par le fait même, ils participent à une désacralisation générale dans la mesure où le sacré est la vie originelle même et que la mise en images transforme cette vie en simple objet. La publicité, notamment, n'offre que des fantasmes, à savoir de la vie objectivée, extériorisée. Il y a forcément encore un souffle de vie, mais d'une vie superficielle, épidermique, sensuelle ou sensualiste. La publicité s'adresse aux couches les plus superficielles de la vie, couches qui correspondent à des clichés. Pornographie et médias portent l'image jusqu'au cœur de la vie privée, envahissent celle-ci, façon qu'ils ont d'aller au plus près de la vie nue qui, pour sa part, reste inaccessible à toute image, comme d'ailleurs à toute mémoire. C'est par fascination pour la vie que les médias la traquent, mais ils la traquent comme on traque un animal, pour la tuer — on retrouve d'ailleurs le même paradoxe chez le chasseur, à la fois ami et meurtrier des bêtes. Mais justement, la fascination n'est pas l'amour, elle a son envers : le goût morbide de faire tomber l'idole, car l'idole est aussi ce qui nous écrase. (On pourrait analyser en ce sens les meurtres de vedettes, réels ou fantasmés, et beaucoup plus souvent fantasmés qu'on ne voudrait l'admettre.) La pornographie et les médias n'ont d'existence qu'extérieure, s'inscrivent essentiellement dans une structure de voyeurisme. Ils n'ont pas de réalité ou de vie intrinsèque, autosuffisante, d'où l'impression de grande superficialité qu'ils dégagent. Ils n'existent pas pour eux-mêmes, comme c'est le cas de toute vie, mais uniquement pour un autre, que pour la vie dont eux-mêmes sont dépourvus. Ils essaieront d'exciter la vie, d'exciter le désir, d'exciter

la curiosité dont eux-mêmes sont complètement dépourvus. La vie se trouve à l'extérieur d'eux. Ils n'ont
d'autre sens que d'être au service de celle-ci. Mais
parce qu'ils sont en eux-mêmes porteurs de mort, ils
communiquent subrepticement celle-ci à la vie à laquelle ils s'adressent. La vie n'est certes pas tuée
puisque c'est d'abord elle qui donne naissance à l'image médiatique et pornographique, mais elle est refoulée sous la masse ou la panoplie des images.

Comment expliquer que la vie donne naissance
à ce qui l'étouffe? Forcément, c'est elle qui est à
l'origine. Ne faut-il pas dire, alors, avec Nietzsche,
que ce qui étouffe la vie est l'œuvre d'une tendance
déclinante au sein de cette vie, et que cela fait partie
de la richesse luxuriante et proliférante de la vie de
comporter des tendances allant dans tous les sens?
Certes, il y a des extériorisations plus subtiles que
d'autres. Mais toutes sont limitées et réductrices. Parler de soi, affirmer « je suis ceci, je suis cela », est
réducteur de soi-même. Qui sommes-nous pour prétendre nous connaître? Qu'est-ce que la connaissance,
et plus particulièrement qu'est-ce que la connaissance de soi? Nous ne savons pas qui nous sommes,
nous ne pourrons jamais le savoir, car ce que nous
sommes échappe à toute vision, intellectuelle comme
physique, intelligible et sensible, à toute sensation
comme à toute image, à toute définition, à toute formule, fût-elle réputée scientifique. Prétendre se connaître, ou prétendre connaître est également réducteur.
La réalité est autrement innommable, autrement
insaisissable, autrement subtile, merveilleuse, puissante. Chaque fois qu'une chose est vue (de l'extérieur), elle devient peu de chose. Et c'est le drame
de notre monde, c'est le drame du monde, que tout y
soit forcément insignifiant, mort, dévitalisé. Parce

que tout y est extériorisé. La science tente d'entrer dans l'intériorité de la matière, de la nature, du cosmos, de la vie, avec les moyens les plus sophistiqués. Elle tente d'étreindre l'invisible à l'aide de formules mathématiques. Mais par ces formules, elle donne encore une visibilité, fût-elle intellectuelle ou intelligible, à ce qui en soi-même, en tant que participant de la vie, n'en a pas. C'est toujours une vie qui extériorise, et qui, dans cette extériorisation même, imprime sa marque subjective. Nietzsche a particulièrement montré la faible intensité du mode de vie scientifique. Comme il le dit, un certain esprit scientifique est superficiel. En conséquence, le monde présenté par la science manque, lui aussi, de vitalité. Il est exsangue, blême, terne. La subjectivité, l'individualité ou la vie artiste est plus complexe, plus riche, plus affective, plus profonde. L'art tente de donner une intériorité à l'extériorité. Ainsi un portrait ou un paysage d'un grand peintre, tout empreint de sa subjectivité, de sa vie ou de son esprit, palpitant dès lors, débordant de puissance. Notamment, Van Gogh ou Rembrandt. Le paysage laissé à une subjectivité moins intense, par exemple une subjectivité de photographe (encore qu'il y ait aussi de très grands photographes), est moins profond, moins vivant, moins vibrant, et nous interpelle donc moins, ou interpelle moins la vie qui nous constitue. C'est une couche plus superficielle de vie qui se trouve concernée. Mais revenons à la science.

On sait que la science galiléenne et cartésienne s'édifie sur la dévalorisation des qualités sensibles en tant que subjectives. La qualité sensible, qui exprime l'imbrication profonde de la subjectivité (de l'individualité, de la vie) et du monde, est remplacée par la quantité (mathématique). Mais jamais on ne peut faire l'économie de la subjectivité ou de la vie puisqu'elle est la condition même du regard scientifique qui, en tant que vivant, est auto-affection. Simplement, cette subjectivité peut être plus ou moins riche, complexe, profonde. Par exemple, la domination du quantitatif, du calculable, du mesurable, du comptable exprime une subjectivité plus plate, plus superficielle, moins passionnée, plus neutre, universelle ou « objective ». Comme si le savant essayait de se mettre à l'extérieur de lui-même, comme s'il ne pouvait se supporter lui-même. Il tente de nier sa propre subjectivité, mais cette négation même est encore subjective, manifeste une certaine qualité de vie. La prédilection pour le quantitatif exprime encore et toujours une qualité vivante. Le monde objectif est un monde affectif. La science n'est pas neutre, malgré toutes ses prétentions. Elle aussi opère à partir de la vie, à partir d'une certaine qualité de vie, d'une certaine puissance de vie, d'une certaine perspective au sein de la vie. Le savant, comme tout vivant, est transi d'affectivité[6]. Celle-ci se retrouve partout, y compris et, pourrait-on dire, surtout, là où on la nie — car une affectivité niée voit par le fait même sa charge affective décuplée. L'affectivité est partout, car elle est la définition même de la vie, en tant que celle-ci s'éprouve ou se sent. Le vivant le plus riche est le

---

6. Qu'on médite cette pensée de Michel Henry : « Quelle est l'origine de cette dévalorisation de l'affectivité, ou de cette surestimation de la pure connaissance théorique ? *Cette origine réside dans la tonalité affective de la connaissance intellectuelle, dans le pathos particulier de sa certitude propre...* un repos, *une assurance*, et comme une sorte d'extase à l'intérieur de cette assurance » (*Philosophie et phénoménologie du corps, Essai sur l'ontologie biranienne*, Paris, PUF, coll. «Épiméthée», 1985, p. 198-200).

plus passionné, car il dispose du plus de points de vue, c'est-à-dire qu'il peut insuffler le souffle le plus intense ou vivant à toute extériorité qu'il est forcé de générer, compte tenu de ce qu'il est[7]. La sensibilité artiste est plus tourmentée, plus complexe, plus riche. La représentation que l'art fournit de la vie est par conséquent également plus riche et plus complexe et touche donc en nous plus de cordes sensibles, ou des couches plus profondes de notre affectivité. Car tout ce qui sera dit, montré, démontré du monde dit extérieur dépendra de la vitalité bien particulière d'un individu donné. Et cela en tant que la vie se manifeste ou se révèle toujours dans une vie particulière ou individuelle.

C'est en ce sens que la mort d'un individu est une catastrophe absolue, car avec sa vie particulière disparaît aussi un univers, une sensibilité irremplaçable, un point de vue unique, selon l'équation : individu = univers, tous deux indivisibles en leur unité ou leur immanence. Quand un individu meurt, c'est un monde qui meurt, c'est tout l'univers qui meurt, lune,

---

7. « Il n'y a de vision *que* perspective, il n'y a de "connaissance" *que* perspective ; et plus nous laissons de sentiments entrer en jeu à propos d'une chose, plus nous savons engager d'yeux, d'yeux différents pour cette chose, plus notre "concept" de cette chose, notre "objectivité" sera complète » (Nietzsche, *La généalogie de la morale*, traduit par Cornélius Heim, Isabelle Hildenbrand et Jean Gratien, dans *Œuvres philosophiques complètes*, Paris, Gallimard, 1971, p. 309). À cet égard, le philosophe russe Léon Chestov avait bien saisi la caractéristique principale de Nietzsche : « Dans toute la littérature vous ne rencontrerez pas d'écrivain qui passe aussi rapidement et aussi souvent d'un état d'esprit à un autre, tout différent : presque à la même minute vous le trouverez aux pôles opposés de la pensée humaine » (*La philosophie de la tragédie, Dostoïevski et Nietzsche*, Paris, Au Sans Pareil, 1926, p. 209).

terre, soleil, étoiles, plantes... Il y a autant d'univers qu'il y a d'individus, à savoir de sensibilités, d'affectivités, d'actes d'éprouver, de souffrir, de jouir. Façon de dire aussi qu'il n'y a pas de réelle séparation entre intérieur et extérieur, puisque tout extérieur n'existe que pour une intériorité, et qu'en fait, dans l'identité individu = univers, il n'y a qu'un seul mouvement, qu'une seule vie. L'extériorité, comme l'objectivité, correspond à un certain investissement vital, d'une vie qui cherche à se fuir et se nier, mais qui, ce faisant, ne peut faire autrement que s'habiter. Seule une vie peut nier la vie. L'extériorité, ou l'objet, n'est que le pendant d'une intériorité, ou d'un sujet, qui s'est enfermée en elle-même, et qui a coupé la communication vitale. Mais cette coupure de communication manifeste encore une certaine qualité de vie, une certaine tendance au sein de la vie, un certain type de vie, une certaine puissance de vie. L'univers en tant qu'extériorisé, objectivé, est lui aussi imbibé de vie, par rapport à lui aussi vaut le mot de Hölderlin : « tout n'est qu'une seule vie, brûlante, éternelle ». Mais il y a plusieurs intensités de vie, et la vie la plus intense est celle qui investit le plus fortement son univers, comme sait le faire l'artiste. Inversement, une vie moins intense, comme la vie savante, investit du bout des doigts, ou du bout de l'intellect, un univers qui de ce fait reste extérieur ou séparé.

L'œuvre d'un artiste s'inscrit dans cette équation (individu = univers). Elle est l'univers affectif, subjectif, marqué au sceau de l'individualité. Elle représente l'univers tel que senti par une individualité. L'œuvre ne tente pas d'imiter un univers objectif, mais est plutôt le lieu de l'indistinction entre l'individu et l'univers. C'est d'abord une individualité vivante qui s'exprime dans une œuvre. La marque de la sensibilité individuelle est le ton ou le style. Il en est de même de l'œuvre scientifique. Elle aussi est le lieu de l'indistinction de l'individu et de l'univers. L'« objectivité » constitue le ton ou le style d'une certaine subjectivité, nommément scientifique. Le monde physico-mathématique est un monde affectif, transi de part en part par une certaine émotion ou une certaine qualité de vie. Sans la vie, il n'y a aucun univers. Ce peut être l'univers propre à une mouche, à un chien, à l'une des innombrables formes de vie, ou l'univers propre à un homme, relié à son cerveau et à ses sens, ou plus précisément propre à un artiste, à un savant, ou encore plus précisément propre à une individualité singulière. C'est là quelque chose de très simple et qui ne cesse d'être éprouvé. Quelqu'un se promène dans une ville. Pour lui, tel lieu a tel sens, en regard de son histoire, de son expérience, de ce qui l'habite intensément maintenant. Telle maison est celle de son enfance, et le restera à jamais. Tous les occupants ultérieurs n'en seront que des usurpateurs. Les vivants actuels font figure de fantômes en ces lieux du passé, alors que les morts chéris restent intensément présents. Une chose insignifiante pour quelqu'un est pleine de sens pour un autre. Elle est pleine de sens parce qu'elle est pleine de vie. Chaque vie s'habite elle-même à un niveau plus ou moins profond. Nous voyons le soleil et sommes en plein jour parce que nous sommes à tel moment et en tel lieu, ou nous voyons les étoiles, éventuellement la lune. C'est aussi le fond d'une certaine injustice, que la réalité soit absurde pour quelqu'un qui souffre, ou qu'elle soit pleine de sens pour quelqu'un qui jouit. Qu'elle soit dure et douloureuse pour le pauvre, celui qui est né dans un pays défavorisé, victime d'exploitation et d'exactions, et infiniment plus facile pour celui qui est né dans un pays riche, sans que ni l'un ni l'autre n'y ait le moindre mérite, le moindre tort, en un mot la moindre responsabilité. La vie, dans ses dons et ses épreuves, semble aveugle, corne d'abondance dans tous les cas, à savoir aussi généreuse en mal qu'en bien. Sur le plan de la vie la plus simple, nous sommes profondément amoureux de telle personne à côté de laquelle une autre individualité passe sans la remarquer. Nous nous dirigeons vers notre maison, qui a tellement de sens pour nous ; mais quel sens a-t-elle pour un autre qui passe devant elle sur le trottoir ? Nous croisons tellement d'individus au cours d'une journée ! Chaque fois, il s'agit d'un monde, d'un univers, d'un espace et d'un temps singuliers, uniques. Quelle perception en a-t-on ? Et quelle perception ont-ils de nos propres individualité et univers indissociables et indiscernables ? C'est la vie qui confère sens et intensité à tout ce qui est. Tout ce qui existe est par définition vivant. C'est la vie qui se manifeste à elle-même immédiatement qui rend possible toute autre manifestation, y compris celle de l'objet, de la mort, de ce qui la nie : en ce sens nomme-t-on dans les termes de la philosophie la vie *transcendantale* (Kant). C'est le sens de la vie absolue que tout soit vivant, c'est-à-dire, entre autres choses, que l'univers ou la réalité soit inséparable et indistinct d'une individualité.

Cette priorité absolue de la vie peut se comprendre dans le langage de la métaphysique de Descartes, de la phénoménologie de Husserl ou dans celui de l'ontologie de Heidegger, bien que, dans les trois cas, on en reste à la vie humaine. Alors que la vie humaine n'est qu'une partie d'une vie qui anime tout. Pour Husserl, toute objectivité renvoie à une subjectivité transcendantale. Celle-ci, en effet, est le point de départ, sans lequel on ne peut parler de monde, sans lequel il n'y a pas de monde. Il n'y a de monde que pour une ouverture, que pour un *ego* dit Husserl, un *Dasein* dira Heidegger. Et la science objectiviste repose sur l'ignorance de cette vérité fondamentale. Dans tout ce que l'homme peut dire du monde, il part et parle forcément de lui-même. Quand il prétend faire abstraction de lui-même, ce «faire abstraction» le manifeste encore. C'est ainsi que toute connaissance du monde doit être fondée sur une connaissance de celui qui connaît, que Husserl appelle l'*ego* transcendantal. Notons qu'en tant que transcendantal l'*ego* n'est pas un étant mais plutôt une ouverture, une éclaircie, une activité ou un affect. De Husserl, on doit remonter à Descartes et à son *cogito*. Tout est fondé sur l'*ego cogito*. On peut douter de tout, mais douter est penser, et si «je pense, je suis». Penser, quel que soit son mode, signifie ou implique la vie. Le monde et tous les objets du monde peuvent être mis en doute, mais l'auto-affection de la vie est autocertitude, et même plus profonde, plus primitive que toute certitude, elle est fondement absolu. L'intellectualisme ou le rationalisme amènent Descartes à insister sur la pensée. Mais pour lui, la pensée inclut l'affect. « Qu'est-ce qu'une chose qui pense ? C'est-à-dire une chose qui doute, qui conçoit, qui affirme, qui nie, qui veut, qui ne veut pas, qui imagine aussi, et qui sent[8]. » Et plutôt qu'une «chose», penser est un acte, une activité, un exercice. Tel est l'esprit qui n'est pas non plus une «chose», mais une action-passion, c'est-à-dire une action qui se sent

---

8. Descartes, *Méditations métaphysiques*, Paris, Garnier-Flammarion, 1992, p. 81. À la page 93, Descartes ajoute comme synonyme d'«une chose qui pense» : «qui aime, qui hait».

elle-même. Penser est le rapport à soi qu'est le vivant humain. Il précède ontologiquement tout rapport au monde. Tout rapport au monde implique ce rapport à soi. Tout penser, percevoir, imaginer, sentir est en lui-même vie, auto-affect. Cet auto-affect, Descartes l'exprime par «je suis» (vivant). C'est d'abord parce que je suis que le monde et les objets du monde sont. Chaque fois que le monde ou un objet sont pensés, perçus, imaginés, il y a vie. Pour Heidegger, il n'y a de question de l'être que pour l'homme, appelé *Dasein*, à savoir être-là, ou mieux encore être le-là, c'est-à-dire ouverture. Comme il dit dans son langage coloré, «l'homme est le berger de l'être[9]». L'homme est celui qui pose la question de l'être, car il est dans la nature de son être de se mettre en question. Et se mettre en question implique d'être habité par une ouverture ou un rien qui nous troue et nous lézarde. Se mettre en question suppose que nous ne sommes pas pleins. C'est parce que l'homme, en lui-même, a un rapport essentiel au rien qu'il pose la question de l'être comme ce qui donne l'étant, mais n'est pas lui-même. L'être est l'ouverture dans laquelle l'homme se tient. L'être donne l'étant de manière subtile, non pas comme un Dieu crée le monde, mais comme une manifestation donne ce qui se manifeste, comme le fait d'apparaître donne ce qui apparaît. C'est parce que l'homme déborde de lui-même, qu'il est ouvert, qu'il est libre qu'il fait la différence ontologique entre l'être et l'étant. Ou inversement, c'est à partir de l'être que l'homme est lui-même traversé en son essence par cette différence. Cette différence correspond à une distance à l'intérieur de lui-même. Ainsi, la liberté

---

9. Heidegger, *Lettre sur l'humanisme*, traduit par Roger Munier, Paris, Aubier-Montaigne, 1964, p. 109.

implique un vide, une distance, un écart par rapport à tout donné et à toute détermination, qui puisse permettre une création ou l'apparition d'une nouveauté. L'homme ne se réduit pas à son étant, il échappe à lui-même, il a un rapport essentiel à la mort. Par la mort, la liberté, le langage, il y a expérience du rien comme le tout autre de l'étant. Ainsi, « le langage est la maison de l'être » dans la mesure où il a un rapport essentiel au rien ou à l'absence[10]. Le langage nomme les choses en leur absence et parle de ce qui n'existe pas. Il a un rapport essentiel à l'invisible. L'homme est donc sensible à l'être comme l'autre de tout étant, l'être comme n'étant pas lui-même, l'être comme pure éclaircie, ouverture, manifestation ou apparition (de l'étant). L'homme interroge à partir de lui-même, il est toujours à l'intérieur de ce qu'il interroge. Il n'obtient de réponse qu'aux questions qu'il pose. Et les questions qu'il pose expriment son être. La finitude de l'homme, son rapport essentiel au néant ou au rien, induit directement l'être ou la conception de l'être. Ou inversement, c'est l'être comme non-étant qui induit la finitude de l'homme (mort, langage, liberté). C'est parce que l'homme a un rapport essentiel au néant en son être qu'il a par le fait même un rapport tout aussi essentiel à l'être comme le rien qui « donne » l'étant, comme pure manifestation, indépendamment de ce qui se manifeste. Le monde répond aux questions que l'homme lui pose, c'est-à-dire que l'homme est tout entier contenu dans les réponses que le monde lui donne. C'est qu'il y a un rapport intime ou une complicité a priori entre l'être de l'homme et l'être du monde. C'est l'être comme ouverture, lumière, éclaircie, manifestation, vérité.

10. *Ibid.*, p. 85.

Cependant, pour nos trois philosophes, ce qui vaut pour l'homme ne vaudrait pas, par exemple, pour l'animal. Le rapport entre l'homme et l'animal a toujours été très problématique, rapport de supériorité apriorique qui permet et justifie l'attitude concrète de l'homme face à l'animal. D'ailleurs, il y a un lien évident entre le mépris de l'animal et le mépris de la vie, qui affecte également la vie humaine. Il y a quelque chose d'indivisible dans la vie. Mettre en avant l'être, comme le fait Heidegger, aux dépens de l'animal et de la vie, devrait être relié à son aveuglement face au nazisme et à son mépris concret de la vie humaine. L'être, en regard de la vie, garde quelque chose d'abstrait qui n'est pas sans conséquence sur le plan politique. Ce caractère abstrait et idéaliste offre un prétexte pour ne pas se mouiller et prétendre demeurer au-dessus de la mêlée. Mais pendant tout ce temps où les yeux sont fixés sur l'être, la vie est malmenée et exterminée. Alors que si la vie est l'alpha et l'oméga, une telle attitude n'est plus possible. Quand nous parlons de la vie, nous ne privilégions pas l'homme. L'univers de l'animal n'est pas inférieur à celui de l'homme. Qui plus est, sur ce terrain, l'homme a beaucoup à apprendre de l'animal. Ainsi, Heidegger dit souvent, dans son combat contre la technique, que l'homme doit apprendre à « laisser l'être être ». Mais qui mieux que l'animal accomplit sans effort, tout naturellement et spontanément, ce qui apparaît une tâche tellement difficile pour l'homme ? Bien souvent, ce dernier doit conquérir ce qui est pour l'animal un acquis : ce que l'animal fait sans y penser, l'homme doit en faire toute une philosophie. Certes, l'animal n'est pas l'homme et son monde n'est pas celui de l'homme. Par exemple, il n'y est justement pas question de l'être, et sans doute il n'y a pas de monde au sens strict, au sens où l'animal n'est pas ouverture, au sens où nous l'entendions plus haut. Comme le dit le grand éthologue Uexküll, le milieu ou l'environnement animal n'est qu'une partie du monde humain[11]. Dans l'esprit de Leibniz, nous pourrions dire qu'il y a autant de «mondes» qu'il y a d'individualités. L'individualité animale a son monde, l'individualité humaine a le sien, les mondes étant également inclus les uns dans les autres, chacun étant un «fragment» d'un *Deus sive Natura*. L'animal ne fait pas la différence ontologique, car il n'est pas en lui-même séparé. Il est absolue immanence. Il ne fait donc pas l'écart, il ne prend pas distance, il n'est pas libre au sens de l'homme, il ne pense pas à la mort, il ne réside pas dans l'ouverture ou l'éclaircie de l'être. Mais c'est précisément parce que l'animal ne pense pas et ne pense pas l'être (comme le disait Parménide, «même chose sont et le penser et l'être[12]») qu'il laisse être l'être comme le peut difficilement l'homme. Il touche directement le rien par l'absence de pensée, et en fait il ne le touche même pas, car tout contact implique une distance au sein de la proximité, il l'«est[13]».

---

11. On retrouve la pensée d'Uexküll dans *Mondes animaux et monde humain*, traduit par Philippe Muller, Paris, Denoël, coll. «Bibliothèque Médiations», 1965. L'animal est un sujet qui habite son monde de l'intérieur, qui le sent en se sentant lui-même. Il y a autant de mondes différents qu'il y a de sujets.

12. Parménide, dans *Les écoles présocratiques*, édition établie par Jean-Paul Dumont, Paris, Gallimard, coll. «Folio/Essais», 1991, p. 348.

13. Qu'on médite cette phrase de Cioran : «Un animal même peut être plus profond qu'un philosophe, je veux dire, avoir un sens de la vie plus profond» (*Entretiens*, Paris, Gallimard, coll. «Arcades», 1995, p. 170).

De tout point de vue, la mort est abstraite, une image. C'est à cette image que nous réagissons, c'est avec elle que nous entrons en contact. C'est en elle, autour d'elle que les religions, les idéologies et les croyances de toutes sortes brodent. C'est d'une image qu'on a peur. Ce n'est pas de la mort réelle, la mort vivante, la mort concrète ou factuelle, la mort sans phrases, la mort tout court, la mort nue. Sans doute est-il impossible de voir ou de savoir ce qu'est cette mort réelle, comme il est impossible de voir ou de savoir ce qu'est la vie, tellement la proximité est absolue, ou le rapport à soi est immédiat, alors que tout voir ou tout savoir suppose une distance, un point de vue ou de science. Quand on meurt, c'est comme quand on vit, d'ailleurs il n'y a de mort réelle que paradoxalement vivante (comme on dit que c'est la vie elle-même qui est mortelle). Quand on vit et quand on meurt (qui est un acte de vivre), on est dedans, en deçà de toute image, de toute idéologie, de tout voir et de tout savoir, puisque la vie est l'auto-affection intérieure à toute image, à toute idéologie, à tout voir et à tout savoir. Dans cette intériorité absolue, aucune distance n'est aménagée pour un voir ou un savoir. Fondamentalement, vivre et mourir sont des affects sans image, sans parole, sans pensée. De l'extérieur, l'existence ou la vie se conçoit en termes d'apparition et de disparition, mais de l'intérieur, il n'y a ni apparition ni disparition, car la vie a toujours déjà commencé, toujours préalable ou immanente à elle-même, et la disparition reste une abstraction, car ultimement elle ne peut pas être vécue comme telle, la vie se trouvant toujours en deçà de cette frontière infranchissable. La vie reste à l'intérieur d'un mourir qui n'en finit pas, un mourir qui est encore et toujours un vivre. Quant à la mort comme telle, à savoir comme fin de la vie, comme absence de vie, elle demeure abstraite, irréelle, n'ayant de réalité que de l'extérieur, pour un autre vivant, un survivant (et n'ayant de réalité, une fois de plus, qu'à l'intérieur de sa vie). La vie est toujours et uniquement à l'intérieur d'elle-même, en son éternel présent. Commencement et fin sont pour elle des abstractions, de même que ce qui se trouve avant le commencement et après la fin. Ce sont là des spéculations, des fantasmes ou des images. Seulement pour le mourant la mort est-elle un absolu, c'est-à-dire une réalité. La mort d'autrui est toujours relative à notre propre vie. De l'extérieur, par exemple du point de vue d'un chef d'État, la mort est mise dans une statistique, et, de façon générale, il y a toujours un après-la-mort, comme si, plus ou moins, rien ne s'était passé. Et en effet, comment saisir la mort, elle qui se dérobe essentiellement, qui excède toute pensée et toute image ? Certes, plus la personne morte est proche de nous, plus profondément elle affecte notre vie. Mais le mourir de celle-ci n'équivaut pas au mourir de l'autre. Pour la personne qui meurt, il n'y a pas d'après-la-mort, il n'y a même pas de mort comme telle, à savoir en tant qu'objet (ce qu'est pour les survivants le mort exposé). Pour le mourant, il y a le mourir absolu, le vivre du mourir, où toute la réalité est impliquée et mise en jeu. Et quand la personne meurt au cours de son vivre, l'univers entier meurt avec elle. Chaque mort est aussi unique et irremplaçable que toute vie. L'expérience ultime est incommunicable. Mais n'est-ce pas le cas de tout vivre dans la mesure où il échappe en son noyau à la représentation et à l'objectivation ?

Pourtant, la vie doit s'extérioriser, elle n'a pas le choix, sa propre puissance la force à déborder d'elle-même, et, ce faisant, elle reste toujours la vie, sauf que les objets déposés au cours de cette extériorisation ne sont plus la vie elle-même en son processus fondateur ou créateur, mais comme des retombées de ce processus. Commence alors le règne du visible où ces retombées obnubilent ou recouvrent la source génératrice, en prenant toute la place. Elles doivent prendre toute la place puisqu'elles constituent la place comme espace, la source, quant à elle, n'occupant aucun lieu. C'est comme la distinction spinoziste entre la Nature naturante et la Nature naturée. La Nature naturante est la vie comme source, comme créatrice, génératrice, et la Nature naturée est la vie comme produit, création, retombée. La Nature naturée cache la Nature naturante. Celle-ci se cache en celle-là, seule visible. C'est la vie originelle qui donne le visible, qui donne la vision. Elle est auto-affection propre à tout visible ou à toute vision. Ou encore, dans un autre vocabulaire, on peut dire que Dieu crée nécessairement le monde par débordement de puissance; le monde fait donc partie de Dieu, mais ce monde, qui est espace ou place, extériorité, visibilité, prend toute la place, est le seul évident (le seul vu, intellectuellement et physiquement, comme réalité sensible ou intelligible), dans l'oubli de son soubassement, de ce qui le donne. Dieu est caché dans le monde, nécessairement caché puisqu'il est invisible. Mais Dieu n'est qu'un autre nom pour la vie.

Il est inévitable que la vie se néglige elle-même, s'oublie au profit de ses propres productions et en général des objets. En d'autres mots, il est inévitable que le visible prenne le pas sur l'invisible. Celui-ci se cache par définition, est par essence dissimulé. L'invisible en tant que vie ne se révèle qu'à lui-même, obscurément, comme affect. C'est parce qu'elle est en elle-même autorévélation que la vie révèle tout le reste, le monde, les objets, les images. C'est cette révélation qui est occultée ou oubliée. Car les objets semblent se trouver dans la lumière du monde, lumière qui occupe tout l'espace ou toute la place. Seule la lumière est vue, et ce qu'elle éclaire. Toute l'attention est portée vers le dehors, alors même que cette attention elle-même, comme vie, est négligée, laissée pour compte. Le transcendant obnubile le transcendantal. Le réalisme naïf fait comme s'il n'y avait que des objets, la condition de possibilité de ces objets, à savoir la vie, étant court-circuitée. Ce n'est donc pas par accident que la vie est négligée, ou se néglige elle-même.

La vie est aliénée à un niveau profond. Elle se laisse dominer par ses propres productions, et notamment par ses propres machines. Et dans le monde moderne, celles-ci ont proliféré. La vie ne s'y retrouve plus. Elle ne sait où donner de la tête. Elle s'énerve et s'agite, non pas qu'elle y trouve son compte, mais elle ne sait faire autrement, elle se met à la remorque de ses nombreuses machines qui la mènent par le bout du nez. Une extrême violence est exercée sur la vie. La vie crée des armes qui la tuent. Elle assiste avec stupeur à l'illustration de son propre holocauste, que ce soit dans l'image, le cinéma, la vidéo, ou dans la vie quotidienne, dans les innombrables guerres, les tueries folles et gratuites. Elle en fait même son divertissement tellement elle en est gavée. La vie crée des machines qui ne sont plus à l'échelle de la vie. Donc, la vie tente de se mettre à l'échelle de ses machines. La vie devient donc inhumaine, invivable. Elle tente de s'adapter, et c'est dans cette adaptation qu'elle devient inhumaine et invivable. Elle ne sait plus dire non et résister. L'émotion, qui est le cœur de la vie, est la première victime. L'homme moderne est un handicapé émotif. Il n'arrive plus, non seulement à exprimer ce qu'il ressent, mais plus profondément encore, à ressentir. Il doit se faire insensible pour faire face à l'environnement inhumain qu'il s'est plus ou moins involontairement créé. Il est insensibilisé par un environnement qu'il a créé et qu'il ne sait maîtriser. D'ailleurs, l'a-t-il créé ? S'il l'a créé, c'est comme malgré lui, déjà dans l'absence de maîtrise. La vie est devenue profondément malade. Il ne peut qu'en être ainsi quand elle perd contact avec elle-même, avec sa propre simplicité et nudité, avec l'émotion qui la constitue et qu'elle ne cesse de ressentir. Le masque déforme le visage, et le visage devient monstrueux. Les rapports humains s'en trouvent extrêmement affectés. La vie devient fausse. Elle est malheureuse, sans toujours être consciente de son malheur. Mais voilà, justement, son pire malheur : devenir insensible à son malheur[14]. Car alors elle s'enlève tout moyen pour faire quelque chose. Elle est comme anesthésiée, impuissante. C'est le « dernier homme » décrit par Nietzsche dans *Ainsi parlait Zarathoustra*, celui qui s'alimente à même ce qui l'empoisonne, qui se satisfait de la médiocrité, qui est devenu trop insensible pour ressentir son désarroi et sa détresse, qui trouve son compte dans l'invivable et l'inhumain. Celui qui a perdu contact avec lui-même, le vivant qui a perdu contact avec la vie, le robot, le rouage, la machine, le mort vivant.

---

14. Kierkegaard l'avait vu. La pire forme de désespoir, en même temps que la plus fréquente, est le désespoir qui s'ignore (*Traité du désespoir*, traduit par Knud Ferlov et Jean-J. Gateau, Paris, Gallimard, coll. « Idées », 1949). Pensée reprise par Heidegger : la vraie détresse est de ne plus sentir la détresse (« Pourquoi des poètes ? », dans *Chemins qui ne mènent nulle part*, traduit par Wolfgang Brokmeier, Paris, Gallimard, coll. « Idées », 1962, p. 325).

Se considérer comme un objet est pour l'homme une solution de facilité. Se considérer comme un vivant est plus exigeant. Se concevoir comme une extension ou une étendue nous laisse à l'extérieur de nous-mêmes. Alors que se sentir comme une intériorité implique une intensité, une passion, une vie qui n'est pas neutre ou objective, mais qui brûle, dérange et bouleverse. Une telle vie qui s'habite sans faux-fuyant est de la dynamite ! Quand la vie est à la hauteur d'elle-même, elle est dangereuse, notamment pour ce qui est mort, installé, médiocre, pour les pouvoirs et les consensus, pour la soi-disant réalité majoritaire, froide et prétendument rationnelle, qui ne s'établit elle-même que sur l'extinction du feu de la vie. C'est pour se protéger de ce danger que l'homme se fuit à l'extérieur de lui-même, ou qu'il se voit lui-même comme une extériorité, un objet, une image, un rouage, un consommateur, un client...

La vie s'enferre dans ses propres productions. Celles-ci n'en finissent plus, en complexité et complication, étant le signe de la richesse folle de la vie. Que de formes, que de machines, que d'inventions, que de couleurs, que de lignes, que de variétés et de variations, que de détails et de subtilités, et cela dans tous les domaines, dans les formes de vie, les institutions, les œuvres d'art, les théories, les religions, les imaginations ! La vie ne cesse de créer. Ses créations l'expriment ou la manifestent dans toutes ses tendances proliférantes. Beaucoup de ces productions sont des pièges dans lesquels la vie se prend elle-même. Elle se laisse prendre par un leurre ou un double, une image ou un reflet, un effet ou une apparence, et s'en oublie elle-même, au point de renverser l'ordre hiérarchique, la vie se mettant au service de ses propres créations. Elle s'adapte à ses propres machines, se soumet à ses propres institutions, alors que c'est elle-même qui les a créées, et qui peut donc les défaire et les recréer autrement de nouveau. Sous le poids de ses propres productions, fût-il le poids d'images, la vie en oublie sa propre puissance créatrice même de tout ce qui la fait ployer et l'écrase. Mais jamais cette puissance ne lui échappe. Simplement, elle sommeille et continue à produire en douce, ou à soutenir cela même qui semble s'imposer de lui-même comme un obstacle insurmontable. Mais c'est toujours la vie qui, en sous-main, confère à l'obstacle la puissance qui le rend insurmontable. Il suffit que la vie désinvestisse l'obstacle, le laisse tomber, pour qu'il s'effondre et meure. C'est ce qui se passe par exemple vis-à-vis d'un régime politique et économique. Aussi solide semble-t-il, il est soutenu, de façon patente ou latente, par la vie. Et quand la vie, nommément celle des individus rassemblés, dans leurs besoins, leurs désirs, leurs actions, leurs affects multiples, cesse de le soutenir, littéralement de le tenir en vie, il tombe.

Chapitre II

L'affect le plus puissant est incontestablement l'amour. Il est la vie la plus forte, la plus grande force de vie. Aimer est la façon la plus intense de vivre. D'ailleurs, qu'est-ce que l'amour sinon faire un avec ce qu'on sent, et étendre ce qu'on sent à l'univers, ou encore étendre l'univers à ce qu'on sent ? Car pour ce faire, il faut l'amour. Non le mot, mais l'affect, à savoir cette force de communion, ce pouvoir de contact, cette vie sans frontière. Non pas idéalisme, mais quelque chose de factuel, de concret, d'ordinaire. La vie même dans son cours, dans sa quotidienneté. L'amour est affect pur, il est comme l'essence de l'affect dans la mesure où, avec lui, il est clair que ce qui compte est ce qui sent et ce qui est senti, à savoir la vie en tant que telle, sans aucune autre raison ou justification. C'est ce qu'on veut dire quand on dit : aimer quelqu'un pour ce qu'il est, aimer la vie telle qu'elle est, y compris, comme dit Nietzsche, dans ses aspects douloureux, problématiques, terribles. L'amour est pur sentir. Pour briser le fantasme du mot, l'extériorité opérée par le mot, mieux vaut dire : aimer est pur sentir. Aimer n'est pas expliquer, connaître, justifier ou rationaliser. Aimer se suffit à lui-même et atteint d'emblée l'essence de la vie. Cette dernière trouve son accomplissement dans l'amour. Aimer est simple, concret, ordinaire, quotidien. Aimer signifie être-avec, quelles que soient les formes de cet être-avec. Ce peut être toucher, parler, embrasser, sentir, penser, être ami ou amoureux, vivre avec quelqu'un, rencontrer quelqu'un. Mais cet amour est aussi amour de la réalité, de la nature ou de Dieu, de la vie, de soi, puisque tout n'est qu'une seule vie.

L'amour court-circuite tous les problèmes secondaires. L'amour dénude la vie, la réduisant à lui-même, ou plutôt l'exhaussant jusqu'à lui. Mais lui-même n'est que la vie dans son essence, à savoir dans sa force la plus grande, sa force sans friction, sans entrave, sans déperdition d'énergie (représentation, extériorisation, objectivation sont perte d'énergie), la vie à l'état brut, comme pure et simple énergie, une vie dénudée de tout ce qui la recouvre et l'entrave, même si tout cela vient d'elle, une vie qui va droit à l'essentiel, qui par conséquent court-circuite tellement de faux problèmes, toute une civilisation, tout un psychisme, un conditionnement millénaire. Une vie qui sait rester pure envers et contre tous les obstacles, toutes les tentations, toutes les déformations, tous les pièges. Une vie qui va de l'avant, qui persévère dans l'existence, comme dit Spinoza, qui est volonté de puissance, comme dit Nietzsche, non pas qui veut plus de puissance, mais qui est puissance, dont la puissance veut.

Quelqu'un me voit ou m'imagine, pense à moi de l'extérieur, c'est-à-dire de l'intérieur de sa propre subjectivité. Quel rapport y a-t-il entre l'image qu'il se fait de moi et ce que je sens et me sens de l'intérieur ?

Spinoza avait déjà bien identifié le problème[15]. L'autre me voit comme je ne peux pas me voir. Il me voit
dans son monde, et ce qu'il voit fait partie de sa
subjectivité. Ce que je suis en tant que rapport à moi-
même, en tant que vivant (en tant qu'esprit ou idée,
dans les mots de Spinoza), est inaccessible, mais,
comme nous l'avons vu, il est également en grande
partie inaccessible à moi-même dans la mesure où,
moi aussi, je m'en fais une représentation ou une
image. J'agis à l'égard de moi-même comme un autre,
et il y a toute la différence du monde entre l'image
que j'ai de moi et moi-même comme réalité vivante et
affective dans mon éternel présent. J'entre en communication avec l'autre dans l'exacte mesure où je
tente d'épouser ce qu'il sent, où j'entre dans son intériorité ou sa subjectivité, ce qui peut se faire à force
d'attention, de délicatesse, de lenteur, de subtilité,
d'amour. La vision du regard, que ce soit celle des
yeux, de l'imagination, de la mémoire, de la pensée
(d'une quelconque théorie ou explication psychologique, psychanalytique, philosophique, religieuse...),
reste extérieure, épidermique ou superficielle. Elle

---

15. « Nous comprenons clairement quelle différence il y a,
par exemple, entre l'idée de Pierre qui constitue l'essence de
l'esprit de ce Pierre, et l'idée de ce même Pierre qui est dans un
autre homme, disons dans Paul. La première, en effet, explique
directement l'essence du corps de ce Pierre, et n'enveloppe
l'existence qu'aussi longtemps que Pierre existe ; la seconde,
au contraire, indique plutôt la constitution du corps de Paul que
la nature de Pierre, et ainsi, tant que dure cette constitution du
corps de Paul l'esprit de Paul considérera Pierre — même s'il
n'existe pas — comme s'il lui était cependant présent »
(Spinoza, *L'Éthique, op. cit.*, p. 377). C'est aussi la différence qui
existe entre une immortalité comme vie ou survie réelle de la
personne effective et une immortalité par l'entremise du souvenir d'une autre personne survivant au mort.

manifeste une vitalité réduite, et ne s'adresse qu'à une apparence.

Ce n'est pas seulement un être humain que nous ne pouvons pas connaître, mais tout être vivant. Ou nous ne pouvons le connaître que de l'extérieur, à savoir en ignorant son rapport à soi, là où il est vivant ou lui-même. Nous ne pouvons connaître l'animal, ni la plante, et s'il y a une vie minérale, nous ne pouvons connaître la pierre, la montagne... Si tout est vivant, nous ne pouvons rien connaître, ou toute connaissance est trouée par une fondamentale ignorance, seule l'ignorance pouvant entrer en contact avec le mystère de l'être comme tel, mystère ne faisant qu'un avec son être ou son rapport à soi, son essence, son « idée », comme l'exprime Spinoza. Pour connaître tel chien individuel, il faudrait être à l'intérieur de lui, et nous voir alors de son point de vue comme un être extérieur, nous voir comme un chien voit. Il faudrait éprouver ce qu'il éprouve, et être dans la même ignorance de lui-même où il se trouve. Il ne s'agit d'ailleurs pas alors de connaissance, mais plutôt d'affection, de sympathie, d'un contact par-delà la connaissance. Toute vie, y compris celle de l'animal, est intériorité, et entrer en contact avec elle est participer de cette intériorité. Cette dernière habite un monde qui lui appartient. Les hypothèses que l'homme propose, les lois qu'il découvre sont toujours tributaires d'une vision ou d'une extériorité. Là où la réalité se sent, en intériorité, il s'agit d'une autre dimension. Là, on peut dire en un sens radical que chaque vie est seule (naît, vit et meurt seule). Ou encore, le contact se fait dans l'exacte mesure où on entre dans « la peau » de l'autre, que ce soit celle d'un homme, d'un animal, d'une plante, d'une pierre. Mais dans ce contact, il y a un irréductible inconnu. Car c'est pour lui-même que chacun est inconnu, dans la mesure où le rapport à soi est affectif et ne prend pas la voie d'une vision sensible ou intellectuelle porteuse de connaissance. Il y a une universelle et silencieuse complicité ou sympathie a priori de la vie qui implique l'ignorance et l'inconnu. C'est pourquoi prétendre connaître quelqu'un, c'est ne connaître qu'un masque, aussi sophistiqué soit-il. Une telle connaissance équivaut en fait à une ignorance. Seule l'ignorance qui se sait telle, une ignorance de type socratique, entre paradoxalement en contact avec l'autre tel qu'il est, à savoir en son for intérieur où il ne cesse de changer, où le flux des images, des affects et des pensées est à peine perceptible. C'est un tel flux que quelqu'un est, et il est impossible d'apposer une quelconque définition sur un tel flux, de dire de quelqu'un, « il est ceci, il est cela ». Par exemple, nous ne pouvons dire de quelqu'un qu'il est « heureux » ou « malheureux », car ces catégories ne s'appliquent pas à la réalité, mais ne concernent que des apparences, des images, des clichés. Pour les mêmes raisons, nous ne pouvons dire de quelqu'un qu'il est « bon » ou « méchant ». Tout ce que nous pouvons dire passe à côté de la réalité. Le mystère est le plus ordinaire, la réalité la plus simple, la plus nue et brute. C'est dire que personne ne peut me connaître comme je ne peux prétendre connaître quelqu'un. Ce qui n'est pas incommunicabilité. C'est plutôt la prétention de connaître qui passe à côté, qui n'atteint que l'épiderme, que l'image superficielle. Ne pas connaître quelqu'un est précisément la seule façon d'entrer en contact avec son intériorité invisible et inconnaissable, y compris pour lui-même. Je ne peux entrer que par l'ignorance en contact avec quelqu'un qui, en lui-même, ne se connaît pas. Cela explique en partie que nous puissions établir un contact plus fort, plus profond avec un inconnu qu'avec un familier ou qu'avec quelqu'un qui possède une image publique, qui est connu ou reconnu. Et qu'on ne puisse entrer en rapport profond avec quelqu'un que l'on connaît qu'en allant au-delà des images, qu'en se connectant à l'inconnu en lui, à la vie en sa source vive.

Ceux qui prennent plaisir à juger restent loin d'eux-mêmes, de ce qui se brasse et se trame en eux. Quand on est près de soi, dans la source vive, on ne juge pas, on aurait plutôt tendance à compatir (à souffrir avec), à comprendre. Trop de jugement implique sans doute une insensibilité à la vie, ou à soi-même. Être près de soi, c'est être presque empêché de juger. Car être près de soi, c'est aussi être par-delà bien et mal. Le jugement s'adresse toujours à une image, à quelque chose de mort, de figé. Mais que se passe-t-il à l'intérieur ? Même pas d'un autre point de vue, du point de vue de celui qui agit, mais d'aucun point de vue, à l'intérieur de la vie en cours qui s'achemine dans l'inconnu, l'ignorance ? Juger est toujours superficiel. Et si Dieu juge, il s'agit forcément d'un Dieu anthropomorphique. Il n'y a d'autre jugement vivant que celui, informulé, toujours en acte, de la vie à l'égard d'elle-même. Ce n'est d'ailleurs également qu'à ce niveau qu'il y a justice, dans le rapport à soi de la vie. Aucune justice venue de l'extérieur n'est adéquate. La société et le monde sont plutôt le lieu d'injustices de toutes sortes. Juger relève d'une illusion rétrospective. Écoutons, à cet égard, Wittgenstein : « Lorsque quelqu'un est mort, nous voyons sa vie dans une lumière conciliante. Sa vie nous semble arrondie par une sorte de vapeur. Mais, pour lui, elle n'était pas arrondie, elle était pleine d'aspérités et imparfaite. Pour lui, il n'y avait pas de réconciliation, sa vie était nudité et détresse[16]. » Il s'agit là de toute la différence entre la vie au fil des jours, s'acheminant dans l'inconnu, éternellement inachevée et qui est brusquement interrompue en plein parcours, sans que cela soit voulu ou planifié, en déjouant au contraire toutes les attentes et tous les plans, et ce qui peut apparaître après coup comme s'insérant à l'intérieur de traits définis, transformé en image complète. L'indéfini, l'indéterminé, l'illimité, l'inachevé, l'incomplet vivant est transformé, une fois mort, en défini, en clair et distinct, en cliché, en stéréotype. Rétrospectivement, la vie apparaît comme une ligne droite, alors que, dans le présent vivant, elle est toujours pleine de bifurcations et d'aspérités. Du point de vue de la fin ou de la mort, la vie apparaît comme un destin. Car elle ne peut plus être modifiée, elle apparaît taillée dans le roc, elle acquiert une absolue nécessité. Mais du point de vue du présent vivant, ce serait plutôt le règne de l'arbitraire, le règne de ce que nous pouvons appeler la protéiforme ou la multiple injustice. C'est le règne de l'accident, du choix des autres que l'on subit, des concours de circonstances, de la conjoncture, de l'actualité, de la mode, de l'époque, de notre propre choix plus ou moins libre ou contraint. Choisir telle bifurcation offre ou ouvre de nouvelles bifurcations, et ainsi de suite à l'infini. Répétons-le, ce n'est qu'après coup que la vie se fige en une espèce d'éternité, elle aura toujours été ce qu'elle a été, alors que, du point de vue du présent, mille possibles sont offerts et ouverts, la vie se transforme en fonction des aléas, des accidents, des rencontres, des contraintes, des choix. Si, rétroactivement, elle apparaît obéir à

---

16. Cité dans Christiane Chauviré, *Ludwig Wittgenstein*, Paris, Seuil, coll. «Les Contemporains», 1989, p. 134.

une logique, elle ne cesse au contraire comme processus vivant d'inventer de nouvelles logiques toujours imprévues et paradoxales. C'est toute la différence entre prétendre occuper une position transcendante, morte, et occuper, en fait et en réalité, une position immanente ou intérieure à la vie. Pascal dit quelque chose de similaire : «On regarde saint Athanase, sainte Thérèse, et les autres, comme couronnés de gloire et comme des dieux. À présent que le temps a éclairci les choses, cela paraît ainsi. Mais au temps où on le persécutait, ce grand saint était un homme qui s'appelait Athanase; et sainte Thérèse, une fille[17].» Du point de vue de la vie, on baigne dans l'ignorance, l'incertitude, l'insécurité. Rien ne va de soi. Il n'y a pas de chemin devant nous, seul notre cheminement crée le chemin qui s'efface donc au fur et à mesure. Tout est à recommencer comme pour la première fois. On ne peut se reposer sur aucun acquis, même pas sur la vie en tant que nous en avons une idée ou une définition, car elle-même, qui nous tient et nous soutient, peut s'effondrer dans la maladie, la folie, la mort. On ne peut se reposer sur aucune connaissance, mais il nous faut constamment repartir de l'ignorance vitale, comme chaque matin il nous faut revivre ou nous réveiller du sommeil de la nuit. Il nous faut constamment abandonner la chose, quelle qu'elle soit, pour qu'elle nous soit éventuellement redonnée, sans que ce don renouvelé soit lui-même assuré.

On ne saurait trop souligner l'effarement intrinsèque à la vie, en tant qu'elle est vivante, c'est-à-dire en tant qu'elle s'habite sans médiation, sans croyance, sans certitude. Il y a une ignorance intrinsèque à la

17. Pascal, *Pensées*, Paris, Garnier-Flammarion, 1976, p. 319.

vie, qui n'est pas uniquement celle de l'animal, mais également celle de l'homme, en deçà de toutes ses théories et de tous ses supposés savoirs. On pourrait dire la même chose de la vie du Christ. Le Christ s'acheminait forcément dans l'inconnu et l'imprévu, dans le doute et la détresse, et une fois qu'il est mort, c'est le jugement de l'interprétation qui prévaut : il était Dieu, tout cela était voulu, prévu. Il y a toute la différence du monde entre le Christ perçu de l'extérieur et le Christ tel qu'il se vivait lui-même, sans image de soi. En tant qu'homme et que vivant, il cheminait, lui aussi, dans la confusion, l'incertitude, en tâtonnant dans le noir, ne sachant trop ce qui se passait, ne comprenant pas totalement le sens de ses propres paroles. Si le Christ est homme, comme il est prétendu, il a tout le lot de celui-ci. Il est même exemplaire de l'homme : offensé, humilié, sacrifié, suicidé, dirait Artaud. En effet, la mort du Christ a quelque chose de suicidaire, comme celle de Socrate, comme celle de Van Gogh, dont parle Artaud. Comme le dit celui-ci, « on ne se suicide pas tout seul[18] ». On est toujours un « suicidé de la société ». C'est par incapacité de vivre dans le monde, dans la lumière du monde, que le Christ s'est laissé mettre à mort. Tout son être, toute sa parole, sans qu'il en ait été complètement

---

18. Antonin Artaud, *Van Gogh le suicidé de la société*, dans *Œuvres complètes, XIII*, Paris, Gallimard, 1974, p. 61. Artaud rejoint ici Spinoza. Parce que chaque être tend, par définition, à persévérer en son être, un suicide est un acte contre nature, et dépend toujours d'une cause extérieure. Ce sont toujours des forces adverses, ennemies, venant du dehors qui, dans le suicide, nous possèdent et nous tuent (Spinoza, *L'Éthique, op. cit.*, p. 507). Pour une tentative très forte de saisir le Christ de l'intérieur, on consultera Nietzsche, *L'Antéchrist*, traduit par Jean-Claude Hémery, Paris, Gallimard, coll. « Idées », 1974, p. 50-62.

conscient lui-même, allaient à l'encontre des valeurs constituées de toute société. Il privilégiait le pauvre, l'humilié, l'exploité, parce que seul celui-ci peut entrer nu en contact avec la vie. Et la vie était la divinité : «Je suis la Voie, la Vérité, la Vie...» Ce n'était pas une certitude, un dogme, ou même une croyance. C'était une impression floue, incertaine, obscure, à même sa propre existence, sa propre expérience, son propre vécu. Comment, demande le Christ, vivre dans un monde où seuls les objets comptent, où seule l'extériorité importe ? Comment toute la puissance intérieure à la vie, tout le mystère de la vie peuvent-ils se contenter d'une vie extérieure purement biologique, uniquement préoccupée des aliments qui nourrissent le corps physique extérieur ? Quel est le rapport entre celui-ci et le corps vécu, et en tant que vécu et plus encore vivant, spirituel ? Celui-ci n'a-t-il pas besoin d'aliments eux-mêmes spirituels ? Et où peut-il les trouver, sinon en lui-même, en sa quête, en ses affects, en son amour, en sa béatitude, en son vivre ou en son jouir de soi ? Quelle est la commune mesure entre ce que demande l'esprit, à savoir la vie en tant qu'intériorité, et ce qu'offre le monde en tant qu'extériorité ? D'ailleurs, une des grandes humiliations du Christ ne consiste-t-elle pas dans le fait qu'il a dû souffrir en son corps physique, que toute l'attention a été portée sur celui-ci par le monde extérieur et sa vision, qu'il a été fouetté, qu'il est tombé, s'écorchant les genoux, qu'il a été transpercé, qu'il a saigné, alors que tout l'essentiel de la vie se passe à un tout autre niveau, celui des affects invisibles ou spirituels, qui ne mangent ni ne saignent, qui souffrent sans doute, mais d'une souffrance sans commune mesure avec les blessures visibles infligées au corps ? Pourquoi le corps aurait-il à se déplacer, pourquoi ce déplacement dans l'espace alors que l'essentiel se passe en pure spiritualité, à savoir en voyage sur place, en intensité, dans une dimension invisible, et d'autant plus intense qu'elle est invisible? Pourquoi aller voir, aller rencontrer, aller parler? N'est-ce pas ce que ressentaient, par exemple, Kafka et Gould? Comment donc vivre avec son corps, comment en quelque sorte faire corps avec lui, accepter ses blessures, ses exigences, ses caprices, alors que la vie intérieure se suffit en grande partie à elle-même? N'est-ce pas ce que nous disent les drogués : une seule substance pour inférer un état intérieur, et le tour est joué, tout le reste devient secondaire, pourquoi se déplacer, on peut demeurer immobile, la vie trouve son sens en elle-même, en son propre sentir intrinsèque? À la limite, pourquoi ne pas se tuer? La vie, alors, n'a plus rien à prouver, à montrer, elle se suffit totalement à elle-même, elle n'a plus à se déplacer, elle n'est conduite ni dominée par aucun désir. Elle repose en elle-même comme en l'éternité. Oui, pourquoi? Tant qu'il y a des questions, il y a curiosité, désir, il y a vie. Et tant qu'il y a vie, il y a l'essentiel. Et une autre question encore : comment vivre? Comment être fidèle à la force de vie qui nous constitue? Faut-il ruer dans les brancards? Faut-il nécessairement mourir pour témoigner d'une vie plus forte que la mort? Comment négocier l'excès qui nous habite et nous constitue? Le Christ ne savait pas, il avançait parce qu'il n'avait pas le choix, ne sachant pas d'avance ce qui allait se passer, ce qui allait arriver. Il avançait et tâtonnait, ne pouvant acquérir l'évidence que seule la distance confère ; par définition, il ne pouvait se voir comme le héros, le dieu ou le spectacle auxquels a donné lieu la vision extérieure et rétrospective. Il ne pouvait pas du tout *se voir.* On remonte le temps, ce qui permet, bien évidemment, de prévoir plein de choses qui étaient alors absolument imprévisibles. En remontant le temps, la contingence et le hasard sont transformés en nécessité et en destin. Hasard et contingence font partie de la vie en son déroulement, alors que nécessité et destin appartiennent à la pensée *sur* la vie, à la distance que permet la mémoire.

Chapitre III

Heidegger insiste beaucoup sur la manifestation, l'apparition. Le fait d'apparaître est l'essence même de la vérité. *Aletheia*, le mot grec pour vérité, signifie d'ailleurs dévoilement, ouverture. C'est uniquement en un sens second, sur fond d'apparition comme essence de la vérité, que ce qui apparaît pourra être dit vrai ou faux. Semblablement pour la vérité au sens de l'adéquation entre le jugement et l'état des choses (*adæquatio intellectus et rei*), ou encore comme évidence ou certitude (idée claire et distincte) : la manifestation doit toujours les précéder ontologiquement, car c'est en elle qu'ils se donnent. Même l'illusion, la fausseté, le masque doivent apparaître, se montrer. Nous sommes d'emblée dans la manifestation, c'est-à-dire dans la vérité, celle-ci est une condition de possibilité pour toute expérience, pour toute perception, toute imagination, toute pensée. La vérité n'est pas déterminée par la connaissance, mais est une condition de celle-ci. Même les conditions de possibilité de la connaissance, comme le temps et l'espace ou les catégories de l'entendement au sens kantien, supposent la vérité dans la mesure où elles aussi doivent apparaître ou se manifester. En fait, la vérité est préalable à tout. Nous baignons et respirons dans la vérité. Voir, percevoir, penser se font d'emblée dans la vérité, à savoir impliquent l'apparaître ou le manifester. Quoi que ce soit doit se manifester. Cette manifestation est être, ouverture, éclaircie, clarté, vérité. Tout ce qui se manifeste (étant) suppose la manifestation comme telle (être). C'est la fameuse distinction ontologique entre l'être et l'étant. L'être est la manifestation de l'étant, il n'est pas lui-même un étant. Il est l'éclaircie, l'ouverture, la lumière dans laquelle tout étant se donne ou se manifeste. L'être est le don ou la manifestation même. Être et vérité sont le même. Cependant, en regard de la vie, une telle manifestation garde quelque chose d'extérieur. Elle implique une essentielle extériorité. Les choses se montrent d'elles-mêmes, par elles-mêmes, à partir d'elles-mêmes (comme phénomènes), et ce *se montrer* est leur être. Mais dans une telle monstration ou manifestation, il y a distance, séparation, celle d'un œil ou d'un regard à qui ou à quoi elles se montrent. Il y a la distance d'une vision. Alors que la vie, elle, est automanifestation, auto-apparition, autorévélation, sans distance, sans division. En elle, il n'y a aucune distinction entre le fait d'apparaître ou l'état de présence (l'être) et ce qui apparaît ou ce qui est présent (l'étant). La vie n'est précisément rien d'autre que l'acte de se révéler, de se manifester, de s'éprouver, de se sentir soi-même. Alors que la manifestation comme être implique transcendance, l'automanifestation comme vie est immanence. Aucun regard ne s'immisce dans le rapport à soi de la vie, aucune différence ontologique, aucun retrait. Si la vie se dérobe ou se dissimule, c'est en fonction d'un regard ou d'un œil forcément extérieur ou transcendant, que celui-ci soit sensible ou intelligible (suprasensible), contemplatif ou réflexif, spirituel ou corporel. Pour bien insister sur l'immanence de l'*un* en quoi consiste la vie, il faudrait écrire «(non) rapport (à) soi», car il n'y a pas dualisme entre le fait ou l'acte d'apparaître et ce qui apparaît, entre le rapport et ce qui se rapporte, donc il n'y a pas rapport à proprement parler dans la mesure où celui-ci suppose deux termes, mais plutôt immédiateté comme immanence. La vie est en se révélant, ou encore en s'éprouvant ou se sentant, n'étant rien d'autre qu'autorévélation, auto-épreuve, auto-affect, auto-étreinte. Elle est l'acte d'apparaître et par le fait même de s'apparaître. Ou encore, la vie sent directement ou immédiatement ce qu'elle est puisqu'elle est l'acte de se sentir soi-même. Mais sentir n'est pas voir (ou n'est voir que dans le rapport aveugle de celui-ci à lui-même, en tant que vivant), et c'est du côté du voir que se situe l'être ou l'apparition au sens de Heidegger, avec sa lumière, son éclaircie, sa clairière, son ouvert, son dehors, son «ek-stase» ou son «ek-sistence» et la distance ou la transcendance inhérente. C'est sur fond d'auto-affection ou de vie, donc d'autorévélation que sera rendue possible la manifestation ou la révélation de tout étant ou de tout objet. C'est ce qui se sent d'abord soi-même en tant que vivant, et pour nous tout est vivant, l'humain, l'animal, le végétal, le minéral, le microscopique et le cosmique..., qui peut *se montrer* à un autre vivant. La Nature (*phusis*, en grec) peut se déployer ou s'épanouir-devant parce que d'abord elle est «une seule vie, brûlante, éternelle». Elle peut se montrer et s'offrir à une vision parce qu'en elle-même, elle est invisible. Elle aime se cacher, car elle est vie, auto-affection irreprésentable. De manière générale, l'être-pour-autrui, qui fait l'objet d'un regard ou d'une vision, est d'abord en lui-même et pour lui-même invisible, c'est-à-dire vivant[19]. Ce qui révèle, ce qui donne la manifestation est donc la vie plutôt que l'être. La première apparition est celle de la vie à elle-même : la vie *est* auto-apparition absolue ou originaire. Elle est *vérité*. Et c'est à partir d'un tel fondement que le monde et tous les objets pourront apparaître à leur tour : ils seront sentis (perçus, pensés...) par une vie qui se sent d'abord elle-même, *parce qu'*elle se sent d'abord elle-même (en quoi précisément elle est vie).

Heidegger fait une critique de la métaphysique et de la science qui en prend le relais en montrant que l'une et l'autre sont obnubilées par l'étant au détriment de l'être. Les diverses sciences spécialisées sont toutes entées sur un étant lui aussi particulier ou spécialisé. Quant à la métaphysique, elle est obsédée par un étant suprême, appelé la plupart du temps Dieu, et supposé régir tous les autres étants. Dans l'un et l'autre cas, on cherche une raison, une explication, un sens, on tente de comprendre ce qui se trouve là, devant nous. La science cherche une explication positive ou positiviste, en termes de forces et de lois mathématiques. La métaphysique, elle, cherche une explication qui fait souvent continuité avec celle de la religion. Elle fait appel à une dimen-

---

19. Il est possible de faire ici un lien avec la pensée de Raymond Ruyer. Il y a d'abord la vie, puis perception de la vie. Il faut d'abord la vie pour percevoir, la perception est en elle-même vivante. Qui plus est, un vivant ne peut être perçu de l'extérieur que parce qu'il se rapporte d'abord directement à lui-même. « La forme organique, en elle-même, indépendamment des regards posés sur elle, possède une authentique unité formelle [...] tout l'organisme est une surface ou un volume absolu, une forme existant

sion autre, supérieure ou transcendante. Mais cette dimension reste de la nature d'un étant ou d'un objet, même purement spirituel. Dans tous les cas, l'être comme dimension transcendantale est oublié. L'être reste en deçà de tout étant et de tous les étants comme ce qui les donne. Il n'est pas lui-même un étant. Mais ce que Heidegger appelle l'être, et qui fait encore appel à un dehors, n'est-ce pas la vie comme ce qui donne tout étant ou tout objet, ce qui le rend possible, comme ce à quoi chaque étant se montre de lui-même, comme ce qui peut sentir (percevoir, penser, imaginer...) l'étant puisque d'abord, a priori, il se sent lui-même ? Et *qu'est-ce* que cette vie ? Justement, il est impossible de répondre, car toute réponse se ferait dans les termes d'un étant ou d'un objet, ce que la vie *n'est pas.* C'est pourquoi on ne peut dire que la vie est un Je ou un *ego*, ou encore qu'elle est un sujet (le sujet n'est que le corrélat de l'objet), ou qu'on ne peut dire, avec Descartes, « Je suis ». Dire « Je suis », c'est se voir ou se percevoir, se penser ou se représenter, donc demeurer tributaire du modèle de l'extériorité ou de l'objet. Car justement la vie *n'est pas* au sens où une chose, un objet, un sujet, une image sont dits être. Du point de vue de tout nom, de tout concept, de toute connaissance, la vie est *rien.* Elle est préalable à tout ce qui est. Elle donne ce qui est, mais, comme dit Heidegger au sujet de l'être, elle-même

---

par elle-même. » Le pour-autrui suppose d'abord le pour-soi. Autrui est lui-même d'abord un pour-soi. La vision par un autre suppose l'auto-affection. La vie est le préalable ou le fondement. La vie est « surface ou volume absolu ». Ainsi l'œil (vivant) voit directement et immédiatement et n'a pas besoin d'un œil supplémentaire pour voir qu'il voit. La vie est l'origine absolue et se tient en elle-même (*La genèse des formes vivantes*, Paris, Flammarion, 1958, p. 207-209).

«se retient et se soustrait[20]». À noter que le fait d'être hypnotisé par l'étant ou par l'objet n'est pas propre à la métaphysique et à la science, mais à toute vie pratique. La vie cherche une explication à un monde dans lequel elle est a priori incluse, dont elle est partie prenante, qu'elle interroge parce que d'abord elle est vie. Mais puisqu'elle ne voit que ce qui se trouve devant elle et ne se voit pas elle-même, en tant qu'invisible, elle s'oublie. C'est toujours a priori que la vie, en plus de se sentir elle-même, prend cette auto-affection comme base ou comme allant de soi et se projette d'emblée à l'extérieur, se négligeant ou s'oubliant elle-même, n'accordant d'importance qu'à ce qui occupe la place, le monde et sa panoplie d'objets, qui peuvent d'ailleurs aussi être des objets psychiques, et non seulement physiques, comme des idées, des idéaux, des fantasmes, des croyances. L'auto-révélation est pour ainsi dire camouflée dans la révélation du monde et des objets.

Dire l'immédiat, c'est par définition le rater, car l'immédiat en tant que nom ou concept suppose au contraire la médiation, la distance intrinsèque au langage ou à la pensée. Tout nom, même le nom d'innommable, défigure celui-ci et le rate. La pensée, la parole, l'écriture, ne peuvent étreindre la vie comme elles le voudraient. Elles rencontrent forcément, dans leur entreprise, un échec. Cet échec est nécessaire. On ne peut toucher la vie là où elle n'est pas, là où elle ne fait que déposer un produit ou un objet, un double ou une image d'elle-même. Le sachant, écrire, parler, pen-

20. Heidegger, *Questions III et IV*, traduit par Jean Beaufret, François Fédier, Julien Hervier, Jean Lauxerois, Roger Munier, André Préau et Claude Roëls, Paris, Gallimard, coll. «Tel», 1976, p. 203.

ser n'est pas vraiment un échec, mais accomplit tout ce dont il est capable : à savoir est un doigt qui indique, signifie la vie, fait signe en direction d'elle, comme Héraclite le disait du dieu dont l'oracle était à Delphes. En même temps, cet «échec» force à écrire, parler, penser encore. On a beau faire, on ne peut parvenir à dire ce qu'on voudrait. Parce que ce qui est à dire, ce qui est à écrire, ce qui est à penser est littéralement indicible et impensable. Quand on le dit et l'écrit, on passe nécessairement à côté, on n'atteint qu'un double, qu'une image, et non la chose même. C'est comme pour tenter de dire ou de penser le présent, quel qu'il soit : littéralement impossible. Dans une telle tentative, on est toujours en porte-à-faux. Il y a un décalage inévitable entre l'idée ou le mot et la chose. Ce pourquoi l'homme se sent à côté de lui-même, à côté de la vie. Car quand il dit la vie ou pense à elle, ce n'est justement plus la vie. La vie n'a d'autre lieu, d'autre vérité qu'en elle-même, là où elle échappe à tout regard et à tout discours, à tout voir et à tout savoir. Comme le dit Nietzsche : «Il ne nous est pas loisible de modifier notre moyen d'expression : il est possible de comprendre dans quelle mesure c'est une simple sémiotique[21]». Il faut bien comprendre qu'il n'y a pas là défaut ou manque de la part du langage. Le langage est ainsi fait qu'il met à distance, c'est sa perfection même d'agir de la sorte. C'est la perfection du langage d'échouer nécessairement quand il s'agit d'exprimer la vie. Le langage n'exprime que l'exprimable de la vie, quant à la vie elle-même, il ne peut que passer à côté, que la contempler de haut ou de

---

21. Nietzsche, *Fragments posthumes, début 1888-début janvier 1889*, traduit par Jean-Claude Hémery, dans *Œuvres philosophiques complètes*, Paris, Gallimard, 1977, p. 92.

loin. Il est impossible de réformer le langage, tout au plus peut-on le tordre, le tendre, le faire crier et crisser, forer des trous pour l'amener à s'approcher de l'indicible. Du moins peut-on ne pas être dupes du langage. Certes, il n'y a de point de vue que du langage. Mais il y a le sentir de soi qui est autre que tout point de vue, qui ne voit rien, qui ne dit rien, et qui de cette façon se rapporte directement à l'indicible et à l'invisible.

Chapitre IV

L'écriture tente d'exprimer, de manifester la vie. Elle y parvient, non pas à travers ce qu'elle dit ou montre, mais dans l'acte même d'écrire comme processus vivant. Certes, il y a une connexion entre l'acte d'écrire et son contenu. C'est l'acte (la vie) qui engendre le contenu. Ce contenu représente l'acte, le pointe du doigt, l'indique. Ce faisant, il va aussi loin qu'il peut, il accomplit ce dont il est capable, il va au bout de sa puissance ou de sa potentialité. Mais la représentation garde un minimum de distance par rapport à l'acte. Le mot n'est pas la chose. Le contenu de l'écriture n'est pas l'acte d'écrire. Le signe de la vie n'est pas la vie. Cependant, le contenu tente de se tenir au plus près de ce qui l'engendre. Il tente de faire sentir la puissance de la vie, il tente de faire éprouver l'affect qui lui donne naissance[22]. Écrire tente par tous les

---

22. C'est ainsi que Worringer comprend le style scolastique. L'essentiel ne se passe pas sur le plan du contenu, mais sur celui de la manière, en tant qu'au plus près du mouvement

moyens d'exprimer l'absolu de la vie, écrire n'a d'ailleurs pas d'autre sens. Et comme cela ne peut précisément que l'exprimer, écrire n'a pas de fin. L'absolu, par définition, reste en dehors, ou plutôt c'est l'expression qui reste en dehors de ce qui s'habite soi-même, de ce qui est toujours à l'intérieur de soi-même, et d'où tout part, y compris la tentative d'exprimer l'absolu par l'écriture, ou par un quelconque autre moyen. C'est ce pur mouvement de la vie que l'écriture, ou un autre art, essaie de montrer ou d'exprimer. Elle en est en même temps, en sa source et son processus, une illustration. Sauf que l'écriture s'arrête, s'effondre dans l'écrit alors que le processus qui lui donne naissance, en tant que vivant, continue, habitant l'éternel présent. L'écrit reste, mais la vie passe et ne cesse de passer, et se trouve donc toujours en avant de l'écriture. L'écrit est rivé à un état de la vie, alors que la vie est ailleurs, éternellement vivante. Plus concrètement, cela explique que tout écrit soit en deçà de la vie de l'auteur, ne soit qu'une partie d'elle, et que la vie, quant à elle, demeure sempiternellement inconnue, mystérieuse, surprenante, inentamée, nouvelle. Ce processus vivant est hors de portée, hors de toute atteinte, il est intouchable et invisible, soubassement absolu de tout ce qui se manifeste et s'exprime.

---

vivant, dans sa gratuité, son exubérance, sa générosité sans autre finalité qu'elle-même : «On ne peut donc pas dire que le scolastique voulait s'approcher du divin par la connaissance intellectuelle. Il voulait plutôt participer au divin par sa manière de penser, par ce pêle-mêle chaotique et pourtant si savamment logique. C'est le mouvement abstrait de la pensée et non pas son résultat qui provoquait en lui cette sensation d'ivresse et de délivrance» (*L'art gothique*, traduit par D. Decourdemanche, Paris, Gallimard, coll. «Idées/Arts», 1967, p. 227).

On parle du caractère thérapeutique de l'écriture[23]. Ce caractère est incontestable et fondamental. Il ne plaide pas pour la faiblesse de la vie ou son aspect « malade » ou « maladif ». L'écriture comme thérapie plaide au contraire pour la puissance de la vie. L'art en général, et l'écriture en particulier, est un des plus puissants produits de la vie. Par le fait même, il est lui-même en retour un puissant intensificateur de cette même vie. C'est précisément parce que la vie est trop forte qu'il faut écrire. L'écriture devra prendre en charge tout ce que la vie laissée à elle-même ne peut pas supporter, bien que cet insupportable, par définition, fasse aussi partie de la vie. L'écriture comme thérapie indique encore que l'important n'est pas ce qui est écrit, mais l'acte vivant d'écrire, même s'il y a, bien sûr, un rapport entre les deux. L'écriture permet le déversement d'un trop-plein, la résolution d'une tension ou d'une pression intérieure trop forte ou intense, insupportable pour cette raison. Car c'est le propre de la

---

23. C'est devenu un cliché de parler de l'art, et notamment de l'écriture, comme thérapie. « Par hygiène, peut-être, j'ai écrit "Mes Propriétés", pour ma santé » (Henri Michaux, *La nuit remue*, Paris, Gallimard, coll. « Poésie », 1967, p. 193). « Un jour, on saura peut-être qu'il n'y avait pas d'art, mais seulement de la *médecine* » (Le Clézio, *Haï*, Paris, Flammarion, coll. « Champs », 1971, p. 7). Mais ce cliché est une profonde vérité. Nous touchons du doigt la raison d'être de l'écriture, au-delà de toute « littérature » (quand on dit « le reste est littérature »). Cette raison d'être n'est pas idéologique, elle concerne directement la vie. Écrire est au service de la vie. On écrit pour vivre, parce qu'on a besoin d'écrire pour vivre, écrire est une nécessité vitale. Comme le dit fortement Cioran : « Je suis absolument persuadé que si je n'avais pas écrit, je me serais suicidé. J'en suis absolument sûr. Mais j'ai projeté ces choses en dehors, j'ai expectoré » (Cioran, *op. cit.*, p. 48).

grandeur de la vie, de sa trop grande puissance de devenir insupportable pour un organisme (physique) ou une individualité (psychique). Comme une rivière en crue, la vie trop souvent risque de déborder les berges et d'envahir ou d'engloutir la vie particulière ou individuelle fragile. Un individu a en lui une force qu'il peut difficilement contenir, l'être humain plus que quiconque, qui se voit, à plusieurs niveaux, investi d'une puissance d'apprenti sorcier, puissance avec laquelle il ne sait que faire, qui lui brûle les doigts et les neurones. Les événements vivants, des plus ordinaires aux plus extraordinaires, sont également dotés, en tant que vivants, d'une intensité difficile à vivre. L'individu artiste, et notamment écrivain, peut alors s'en sortir par une expression ou une extériorisation. L'intérieur et son maëlstrom, sa folie, ses excès, son intensité, est projeté à l'extérieur, de sorte que l'individu écrivain s'en détache, que ce n'est plus tout à fait lui ou sa vie, qu'il s'agit, par cette extériorisation, d'un autre. Quand la vie intérieure se sent comme une pression ou une tension trop grande, l'extériorisation s'avère salutaire ou libératrice. C'est dire que toute extériorisation n'est pas mauvaise. Qui plus est, elle est nécessaire. Le fait d'écrire nous libère, nous allège, et fait en sorte que ce n'est plus nous ou notre vie, que nous acquérons une distance qui nous permet de respirer. Peut-être de cette façon, en l'extériorisant, tuons-nous la vie. Mais c'est pour qu'elle ne nous tue pas elle-même, pour survivre à sa trop grande intensité. La représentation n'est pas la vie nue ou brute, originaire ou absolue, mais nous en avons besoin pour prendre distance de la source vive et brûlante. Comme la vie sur terre a besoin de l'écorce refroidie de la terre pour prospérer, même si cette vie est feu et lumière. Il faut faire une dif-férence entre une vie individuelle, finie, et la vie absolue infinie. Une vie individuelle risque de se brûler les ailes à la vie absolue trop forte pour un organisme et un psychisme limités. Elle s'en sort, pour un temps du moins, notamment par l'objectiva-tion, l'extériorisation, la séparation qui permet de s'écarter, de se libérer d'une partie de soi, de cette partie bouillante ou trop intense qui préside aux créations.

Toute conscience est conscience de quelque chose, comme le souligne Husserl. Nous disons de la conscience ce que nous disons de l'écriture, de la pen-sée. En tant que conscience, elle est vie, directement produite par la vie, intérieure à elle-même, affectivité, sensibilité. En tant que conscience de quelque chose, elle s'écarte de la vie, devient un double de celle-ci. Ou encore, la conscience comme acte est vie, mais le contenu de la conscience extériorise cette vie, la met en représentation, crée une séparation entre un sujet et un objet : la conscience comme sujet ou vie, d'une part, et le quelque chose comme contenu de cette con-science ou objet, d'autre part. La séparation ne peut être complète puisqu'il y a vie de part en part. On com-prendra que la vie se trouve entre les deux, à savoir entre les éléments en tant que séparés, entre le sujet et l'objet. Ceux-ci en effet s'appellent l'un l'autre sur l'ou-bli ou le refoulement de ce qui les donne l'un et l'autre, à savoir la vie. C'est la vie qui fait communiquer sujet et objet, et donc défait leur division. La vie est l'imma-nence entre les deux. Sujet et objet sont dits être, mais la vie est plutôt transcendantale, c'est-à-dire *n'est pas* à proprement parler, tout être au sens d'un étant ou d'un objet (ou d'un sujet, qui est le corrélat de l'objet) étant une pétrification de cette vie.

Nous pouvons dire la même chose de la vision. Certes celle-ci extériorise. Mais en elle-même, elle est vie ou intériorité. Ou encore, «ce qui» est vu est mort en tant qu'extérieur, mais «ce qui» voit est forcément vivant. En réalité, ce qui voit ne fait qu'un avec la vision ou l'acte de voir, il n'y a pas, là non plus, de séparation entre un présumé agent et l'action. Cette dernière est la vie en acte ou en cours. En tant que transcendantale en effet, la vie est activité, et non une chose ou un objet. La puissance de cette vie se transmet à ce que couvre cette vision, en tant que celle-ci est immanente à elle-même. En d'autres mots, ce qui est vu participe de la vision et est transi de la vie de celle-ci. D'une part, la vision crée la séparation, et donc transforme la vie en mort, mais en tant qu'acte, elle est elle-même vivante et l'est aussi loin qu'elle s'étend. De même de la pensée. Celle-ci met à distance, divise et de cette façon crée un objet mort, mais en elle-même, en tant qu'acte ou exercice, elle est vie, immanente à elle-même et en tant que telle imbibe tout ce qu'elle touche. Le «penser» est vie en acte, même si le «pensé» crée la division. Ou encore, la représentation en tant que «représenté» crée la séparation, mais en tant que «représenter» est vie. Semblablement, le rêve, le souvenir est image, et, en tant que telle, extériorité. Mais comme autosensation, il est la vie même. Le souvenir, le rêve est un écran qui se regarde lui-même et en ce regard éprouve et sent. En tant que vie, il est l'écran, l'image, le projecteur, l'acteur, le spectateur, le tout ne formant qu'un. Façon de dire, une fois de plus, que tout vient de la vie, et que tout, par conséquent, est en son fond vivant, même si sa fonction consiste ensuite à nier, à briser, à tuer la vie. La vie absolue signifie qu'il n'y a que de la vie.

Il y a dans la vie un constant désir d'être ailleurs, une constante insatisfaction par rapport à tout ce qui est. Ce désir est ontologique, constitutif de la vie humaine. Comment le comprendre, sinon comme une insatisfaction par rapport à tout objet, à tout monde extérieur. La vie est ouverte sur le monde extérieur, elle a besoin de celui-ci pour y déverser son trop-plein. Mais ce monde est inadéquat, ne peut jamais la satisfaire, car seule la vie peut satisfaire la vie, et non pas un double, une représentation, une extériorisation, une objectivation. Tout désir est donc forcément malheureux. Ce n'est sûrement pas en cherchant ailleurs, auprès d'un autre objet, que le désir trouvera satisfaction. Ce que le désir vivant indique clairement dans son insatisfaction même, c'est que la vie est irréductible à tout objet et à tout ici, à toute situation, à toute image, à toute définition, à tout nom, à tout ce qu'on peut saisir ou étreindre en tant qu'extérieur, à tout visible, à tout ce qui peut être atteint par un regard ou une vision (sens principal de l'homme, au point que le sensible est nommé, le plus souvent, visible). En cherchant à échapper à l'être, à l'objet, à tout ici, l'homme ne cherche pas la mort, mais la vie, cette réalité sans commencement ni fin, pathétique ou affective qui le constitue en son cœur. C'est plutôt l'être comme extériorité et objectivité qui est une forme de mort. Dans l'insatisfaction viscérale, fondamentale, propre à l'homme, il n'y a donc aucun désir suicidaire caché. Au contraire, cette insatisfaction intense, profonde, indique l'inadéquation à la vie de tout ce qui est mort, figé, stéréotypé, arrêté, représenté, fantasmé, imaginé, objectivé.

On ne peut comprendre le fond de la vie, sa sensibilité ontologique, sombre, obscure, opaque, puisque toute compréhension ou connaissance émane de ce fond obscur. La compréhension ou la connaissance ne sait elle-même d'où elle vient. Sa propre naissance lui échappe et se perd dans la nuit des temps ou de l'affectivité. La connaissance n'est qu'un élément de la vie, qui plus est un élément de surface, épidermique. Pas surprenant que la connaissance consiste à transposer en surface, en apparence, en extériorité, ce fond sans fond ou cet abîme, ce fond sans visage, sans mémoire, sans image. Les mots ne peuvent que pointer du doigt en direction de la réalité ou de la vie, mais ne peuvent y toucher. Seule l'affectivité peut y toucher, à savoir peut toucher à elle-même. Les mots, par exemple sous la forme de l'écriture, ne sont pas inutiles pour autant. Pointer du doigt en direction de l'essentiel est en effet nécessaire, car la vie laissée à elle-même est tellement ouverte sur l'extériorité, le monde et ses objets qu'elle s'en oublie elle-même. C'est ainsi que les livres nous entretiennent d'une vie dont on n'est pas coutumier, tellement la vie habituelle est absorbée dans ce qui n'est pas elle, tellement nous sommes pris dans la multiple extériorité, dans les problèmes de la conscience, les soucis de la quotidienneté, la gestion des innombrables objets. En regard de cette vie appauvrie, la vie des livres apparaît surhumaine. Car elle pointe en effet en direction d'une dimension absolue, une vie à l'état pur ou libérée, débarrassée de tout ce qui la grève et la fait ployer, débarrassée de toute psychologie réductrice, une vie comme pur esprit ou œuvre d'art. C'est ainsi, par exemple, que les personnages de roman nous apparaissent plus grands que nature, dotés d'une puissance de vie proprement invivable. Ils sont de purs affects, par-delà toute psychologie. Cependant, il ne faut jamais oublier que la seule vie réelle est celle qui se sent ou s'éprouve elle-même, et que celle que l'on rencontre dans les livres n'est qu'une représentation de celle-ci. On peut raconter les plus belles histoires d'amour dans un livre, mais il n'y a d'amour réel que pour un vivant. C'est l'amour comme affect, comme étreinte qui importe, et non les poèmes d'amour qui n'ont de sens que de pointer en direction de cet amour tellement profond qu'il ne peut être représenté, ni montré ni dit. On peut faire mourir mille personnages dans des romans, mais il n'y a de mort réelle que pour un vivant. C'est le mourir d'un vivant qui seul importe, et non les descriptions et explications littéraires, philosophiques, religieuses qui, quoi qu'elles en aient, ne peuvent que demeurer loin de la seule réalité, le mourir vivant. D'ailleurs, en son for intérieur celui qui meurt est dépourvu de toutes ces images de la mort, tellement pour une fois (qui est aussi la dernière) la puissance du fait ou de l'acte lui-même met toute image au rancart. Certes, ce mourir vivant est irreprésentable. Mais c'est justement parce qu'il est irreprésentable qu'on ne cessera de le représenter de toutes les façons dans l'art, toutes les représentations demeurant toujours à l'extérieur du mourir lui-même. Répétons-le, les livres ne servent qu'à pointer du doigt cette vie irreprésentable, en deçà de toutes les images, de tous les clichés, de toutes les apparences convenues, sociales, religieuses, etc. Ils font malheureusement comme les autres productions ou objets de la vie. Ils prennent la première place et obnubilent la vie, la font passer au second rang, elle qui se trouve pourtant à leur source et qui constitue leur seule signification ultime. Et c'est ainsi qu'une fois de plus les objets prennent toute la place, que la vie se trouve à produire cela même qui se retourne contre elle, l'écrase, la renie, la refoule. Comme c'est le cas de tant d'autres objets qui occupent les devants de la scène collective, sur lesquels toute l'attention est portée. Toute l'attention est accaparée par le vêtement ou l'instrument, et la vie nue derrière est tellement prise comme allant de soi qu'elle est négligée.

Peut-être la vie absolue est-elle invivable compte tenu de sa trop grande puissance, mais *c'est dans la vie* qu'elle est invivable, et nulle part ailleurs. La vie est peut-être trop faible pour certains affects, mais ces affects ne peuvent avoir lieu que dans la vie, qui plus est ils *sont* la vie. C'est la fonction de l'art que de rappeler la vie à elle-même, que de lui indiquer qu'elle est autre chose que ce qu'on en a fait, qu'elle recèle une puissance mystérieuse, qu'en elle se trouve tout le sens accessible, qu'elle a la capacité de défaire ce qu'elle a fait, de désinvestir ce qu'elle a investi, d'abattre ce qu'elle a elle-même édifié lorsque cela se retourne contre elle. L'art rappelle la vie à sa propre puissance. Il l'invite à se débarrasser de tout ce qui la grève, la fait ployer, l'écrase, lui pointe du doigt l'essentiel, à savoir elle-même dans son vivre de tous les instants. Il l'invite à court-circuiter les innombrables faux problèmes, peurs qui la paralysent. Comme le disait Spinoza des citoyens. Ils portent à bout de bras leur régime politique. Celui-ci ne tient son pouvoir que de leur propre puissance vitale. Ils peuvent donc reprendre leur puissance et défaire le régime économico-politique par une puissante révolution porteuse éventuellement d'un régime plus conforme aux désirs fondamentaux de la vie. L'art remet en question ce que nous faisons de la vie, ce que le monde fait de la vie, la réduisant souvent à quelque chose d'insignifiant, de bafoué, d'humilié. L'art nous invite à relever la tête, à reprendre contact avec la source absolue, avec l'unique richesse. À savoir à reprendre profondément contact avec nous-mêmes, avec ce qui nous constitue dans notre for intérieur, avec la vie qui ne nous appartient pas, mais à laquelle nous appartenons. C'est en cela que l'art pointe du doigt l'essentiel. Certes, l'art ne se suffit pas à lui-même, puisqu'il n'a d'autre justification que de pointer vers la vie. S'il n'est pas assumé par une vie ou une affectivité, rien ne se produit, et l'art reste mort. Il s'accomplit au contraire quand il est investi par une affectivité qui s'en sert pour toucher en elle-même à l'essentiel dont il est question. L'art est un miroir de la vie. Tant que l'on regarde, on demeure prisonnier du miroir, mais quand on ferme les yeux, on peut sentir la réalité dont le miroir nous offre le reflet.

Chapitre V

Comment comprendre le sadisme? Le plaisir du sadique consiste à entrer en contact avec la subjectivité de l'autre par l'entremise de l'affect de douleur. Plus un affect est fort, plus il prend entièrement la subjectivité. Plus il est faible, plus au contraire celle-ci est dispersée dans le monologue ou le dialogue intérieur, dans les différents objets, images et préoccupations de la conscience. Or, la douleur est un affect fort en ce qu'elle ne laisse pas le choix : elle envahit toute la subjectivité, accapare tout le sentir. Se souffrir est s'éprouver soi-même sans faux-fuyant, sans idéologie, sans phrases, est s'éprouver à l'état pur. C'est entrer en contact avec l'autre que veut le sadique. Or l'autre, le plus souvent, n'est pas là; il est éparpillé, diverti. Cependant, par la douleur, la subjectivité de l'autre est forcée de se concentrer dans l'affect, l'autre est forcé d'être présent dans l'affect qui le prend tout entier. L'autre *est* l'affect qui s'éprouve lui-même, en l'occurrence l'autre est douleur. Le sadique peut presque y toucher, mais une fois de plus, il est au spectacle, c'est à une vision de cette douleur qu'il a à faire, n'étant pas dans la peau de l'autre et ne pouvant coïncider avec l'affect qui s'éprouve lui-même. Le sadique pourra être tenté de pallier l'obstacle en tâtant lui-même de la douleur, pour la sentir, lui aussi, de l'intérieur, entrant ainsi en contact médiat avec ce qu'éprouve l'autre. Certes, sadisme et masochisme appartiennent à deux syndromes distincts. Mais il y a un masochisme du sadique, comme peut-être un sadisme du masochiste. Car, dans les deux cas, on tente d'établir une relation avec une autre subjectivité ou intériorité. Le plaisir du masochiste est de concentrer sa propre subjectivité dans l'affect de douleur. La subjectivité n'est plus dispersée ou éparpillée comme c'est le cas le plus souvent. Elle n'est que ce qu'elle est, à savoir affect. Elle est tout entière douleur et, de s'éprouver ainsi de manière complète ou absolue, elle en ressent une sorte d'extase. Elle entre en contact avec son noyau ou sa source, sa réalité la plus intérieure ou fondamentale, se débarrassant de tout le superflu, de toutes les couches superficielles et mortes. Dans ce pur sentir de la douleur ne faisant qu'un avec soi, le masochiste éprouve une libération, comme c'est toujours le cas quand on entre en contact avec la source vive et absolue, par-delà toutes les représentations et faux problèmes attenants. N'être qu'un pur sentir, c'est être le plus totalement vivant, le plus complètement soi-même.

Ce que nous disons du sadisme et du masochisme, nous pouvons également le dire du meurtre et du suicide. Tuer quelqu'un, ou désirer le tuer, c'est vouloir s'emparer de sa vie, *la prendre*. On traduit souvent ce désir de prendre la vie par un désir de dominer, mais ce désir est second par rapport à celui de prendre. Il est vrai que le passage est continu entre prendre, posséder et dominer. Mais il s'agit tout de même de trois couches distinctes. Prendre la vie est un désir de l'empoigner, de la saisir, de la toucher avant d'en être un de l'enlever. C'est un désir que l'autre fasse corps et ne puisse plus fuir d'aucune façon, qu'il soit totalement ici et maintenant, donc, éventuellemnt, sous contrôle ou domination. Bien sûr, comme pour le sadisme, il s'agit d'un échec. Car c'est au moment où toute la vie se concentre en un seul point, qu'elle ne peut ni fuir ni s'éparpiller, que tout son mystère se résorbe dans un seul acte, un seul geste et un seul devenir, qu'elle s'évanouit, qu'elle s'éclipse encore, qu'elle disparaît, qu'elle meurt. Et ne reste qu'un cadavre entre les mains du meurtrier qui pensait prendre la vie. De même pour le suicide. Un tel acte nécessite une concentration absolue dont est peu coutumière la vie quotidienne habituellement dispersée. Par le suicide, quelqu'un espère ne faire enfin qu'un avec lui-même, y compris avec son angoisse ou son désespoir, complètement concentré, sans la dispersion en tous sens qui constitue peut-être la véritable angoisse ou le vrai désespoir. Il espère se retrouver, se sentir totalement, et éprouver la libération d'une vie qui ne fait qu'un avec l'affect. Mais c'est justement au moment même où il est sur le point de se trouver qu'il se perd à tout jamais, et autant celui qui cherche que celui qui est cherché s'éclipsent absolument, ne donnant plus lieu à aucun affect, aucun rapport à soi, aucun soi-même. À vouloir aller trop loin, ou trop près de la vie, on dépasse la limite, on traverse la frontière qui sépare l'être du néant, et on bascule dans la dimension où il n'y a plus de «on», plus de tentative et plus de désir. Toutes ces tentatives d'empoigner la vie à l'état brut sont vouées à l'échec.

Semblablement, l'exhibitionniste et le voyeur tentent respectivement de montrer et de voir la vie nue, la vie en son secret, en ce qui normalement ne se dévoile pas, mais là aussi on ne peut montrer ou voir qu'une nudité objectivée. On ne peut montrer et voir de la vie que ce qui est précisément visible, mais de ce fait on ne peut que rater la vie invisible comme rapport à soi. La vision ne voit que ce qui est de même nature qu'elle, à savoir ce qui se dispose en extériorité. Il en est de même pour le langage, il ne peut dire ou nommer que ce qui est de même nature que lui. Lui également, en ses tentatives pour saisir la vie, ne peut que la rater, ne peut qu'échouer. Du moment où l'affect est nommé, le nom est à distance de l'affect. J'éprouve quelque chose, ou plutôt quelque chose s'éprouve, il y a affect ou émotion, et quand je le pense ou le dis, l'affect n'est que pointé du doigt, indiqué comme quelque chose d'extérieur, et non à proprement parler «exprimé». L'affect ne peut s'exprimer qu'en lui-même, qu'en son sentir ou son éprouver. Je dis «je t'aime» ou «je te hais», ou encore «j'ai peur», «je suis heureux», «je souffre» et je me trouve en porte-à-faux, décalé, à côté, à distance, ou plutôt le langage se trouve à distance de l'affect. C'est là que prend sa source l'imposture transcendantale, l'inadaptation fondamentale de l'homme, son incapacité de faire corps ou de faire complètement un. D'où la sensation, quand on parle et qu'on écrit, de jouer nécessairement un rôle, de porter un masque qui tient lieu de visage, qui est le seul visage. Et cela, en dépit de tous nos efforts pour être vrai et authentique. C'est plus fort que nous, l'affect, qui pourtant nous constitue, échappe à notre emprise. Comme si l'homme était lui-même le produit de la distance entre le langage (ou la pensée) et l'affect. Posture inconfortable qui est à l'origine de la situation tragique de l'homme et de l'héroïsme qui doit être consubstantiellement le sien pour faire face et passer malgré tout à travers. Il faut être un héros en effet pour se trouver poussé malgré soi dans une entreprise dont la réussite paradoxale consiste à échouer nécessairement. Car l'homme essaie malgré tout, ou est la dupe d'une vision, d'un langage qui promettent plus qu'ils ne peuvent tenir. Il essaie de dire, il essaie de voir, et ne dit que le dicible, ne voit que le visible, et n'étreint qu'un fantôme alors qu'il ne cesse de tendre les bras et de tenter d'empoigner tout autre chose, à savoir la réalité, l'absolu, la vie.

S'expliquent par la même logique toutes les tentatives d'émouvoir, et la vogue ou le succès populaire de tout ce qui procure des sensations fortes, et ce, indépendamment de la qualité de ces tentatives et de ces sensations. Ainsi, la popularité du mélodrame à travers le temps et à travers les genres. Pleurer, faire pleurer, c'est une fois de plus concentrer la vie sur elle-même, pur affect sans distance, sans représentation. C'est pourquoi en cette tristesse sans échappée où les larmes coulent malgré elles, où le cœur bat, la vie éprouve une jouissance, celle de son auto-affection ou de son rapport à soi sans division. Ne faire qu'*un* signifie, à la lettre, *individu*, et la vie ne demande rien de plus, il n'y a pas d'autre accomplissement, c'est d'ailleurs pourquoi celui-ci peut se faire à chaque instant, et non pas à la fin. Être enfin totalement et uniquement soi-même, ne serait-ce que pour un temps. De la même façon s'explique la popularité des autres tentatives, par exemple celle de susciter la peur, l'horreur, la terreur. L'important, dans tous les cas, est d'accaparer totalement le corps et l'esprit indistincts, de les plonger en leur élément où ils ne peuvent que ressentir la volupté de leur être, celle-ci dût-elle être de toutes les nuances, amère et passionnée, douloureuse et extatique, à savoir l'élément de l'affect.

Il y a des moments affectifs puissants où l'individu ne fait qu'un avec lui-même, est lui-même, à savoir effectivement un ou indivisible. C'est sans doute le cas à la naissance et à la mort où l'individu est de part en part affect. Toute idée de la mort et son cortège de représentations, de croyances se résorbent devant le fait ou l'acte lui-même. Par la force de la mort, qui le prend et l'emporte au-delà de lui-même, l'individu ne fait qu'un avec lui-même ou avec ce qui est, à savoir en l'occurrence avec le mourir. Sans doute que l'affect qui prédomine n'est pas la peur, car il n'y a peur que de l'idée ou de l'image de la mort, mais plutôt, comme le dit Blanchot, un sentiment de légèreté et de calme extraordinaire[24]. Légèreté en ce que justement l'individu ne fait qu'un, dans la mesure où il ne peut plus fuir, ne peut plus fuir ce qui arrive ou ne peut plus se fuir lui-même, parce qu'il s'efface et est forcé de se concentrer totalement en cet effacement comme s'il devait se glisser à travers le chas d'une aiguille ou passer par une porte étroite. À remarquer que le même processus se déroule en sens inverse, c'est-à-dire de l'autre côté de la vie, dans le naître, où en passant par la porte étroite du vagin, le tout petit enfant n'est que pleurs, cris et douleur extatiques. À l'agitation et au bruit du début font contrepoint le silence et le calme de la fin. Dans les deux cas, c'est le règne de l'affect pur. Ce qui commence

---

24. Maurice Blanchot, *L'instant de ma mort*, Paris, Fata Morgana, 1994, p. 10. « Le sentiment de légèreté qui est la mort même » (p. 20).

comme trop-plein, excès d'être, de bruit et de fureur comme surent le dire Shakespeare et Faulkner, finit dans le silence et la solitude absolus, inimaginables et indicibles, comme ne peut l'expérimenter personne, car quand on en arrive là, le Je fait place au On, et personne ne peut véritablement expérimenter ce qui le tue.

Il en va de même dans toutes les sensations et émotions extrêmes, orgasme et douleur excessive, partout où la vie frôle l'insupportable ou l'invivable. Face au danger, la vie acquiert une grande intensité, quand la pensée, le monologue ou le dialogue intérieur sont résorbés, devenus inutiles devant un affect trop grand, qui envahit tout l'espace intime. Alors, l'individu ou la vie se dénude. Il n'y a plus de statut, plus d'image, plus de passé et plus d'avenir, plus de regret et plus d'espoir, plus d'angoisse et plus de désespoir, il n'y a qu'*une vie*, pour parler comme Deleuze, «une vie impersonnelle, et pourtant singulière, vie de pure immanence, neutre, au-delà du bien et du mal[25]». Il y a aussi l'extase comme affect ou expérience limite. Dans l'extase, on ne fait qu'un avec ce qui est. On retrouve l'équation : individu = univers. Tout n'est alors qu'une seule vie, brûlante,

---

25. Gilles Deleuze, «L'immanence : une vie... », dans *Philosophie*, n° 47, Paris, Minuit, 1995, p. 5. Les tout-petits sont affect pur, pur acte de s'éprouver soi-même, sans pensée et sans idéologie. «Les tout petits enfants sont traversés d'une vie immanente qui est pure puissance, et même béatitude à travers les souffrances et les faiblesses» (p. 6). On comparera avec cette description du nouveau-né : «Un petit être rouge et ridé, sans défense, pitoyable, à la merci du moindre souffle, telle une poussière, mais qui criait et agitait ses bras et ses jambes minuscules comme s'il voulait proclamer son droit à la vie...» (Dostoïevski, *Les possédés*, II, traduit par Boris de Schlœzer, Paris, Gallimard, coll. «Folio classique», 1955, p. 335).

éternelle, il n'y a pas de séparation entre l'observateur et l'observé, pour parler comme Krishnamurti, par exemple entre moi assis dans l'autobus et les gens, le trottoir, la rue, la lumière. Tout baigne dans une étrange atmosphère, précisément extatique. Je suis le monde et le monde est moi, non pas comme théorie, mais comme pratique, fait concret et immédiat, expérience vécue ou vivante. Ici encore, les mots sont insuffisants pour décrire ou exprimer l'extase. Celle-ci est pure sensation, pur affect. On remarquera que l'extase est au prix de la souffrance, celle-ci, en tant qu'elle-même pure sensation indescriptible, pur affect inexprimable, brisant les résistances, nettoyant le terrain et tuant le vieil homme.

En règle générale, ce qui fascine dans les états limites, c'est que la personne n'en soit plus une, qu'elle ne soit rien d'autre que l'affect qu'elle éprouve. Alors que dans des états plus communs ou moyens, on ne sait pas où se loge la personne, qui, elle, est, c'est-à-dire ce qu'elle pense, sent, éprouve. Elle est dispersée, multiple, divisée, ce qu'elle ne devrait pourtant pas être en tant qu'*individu*. Alors que dans un état limite, elle est tout entière au présent, elle ne fait qu'un avec ce qu'elle éprouve. C'est vrai de la douleur, de l'effroi, de l'horreur, de l'orgasme, de l'extase, du mourir et du naître. C'est aussi vrai en fait de tout vivre, sauf qu'ordinairement l'affect est dispersé, fragmenté, mêlé, entre deux eaux, entre chien et loup : alors, la personne est vraiment un tel affect flou ou vague, incertain ou confus, ou une telle multiplicité, une telle brume ou nébuleuse d'affects.

La vie ploie, étouffe sous le poids du monde, des représentations, des valeurs, du bruit, des apparences, des images qui le constituent. Elle a besoin de silence et de solitude. Il faut savoir se couper du monde et de son agitation superficielle pour entrer profondément en soi-même. Le monde extérieur est en grande partie divertissement, faux problèmes, superficialité. Pascal l'a admirablement dit : « Tout le malheur des hommes vient d'une seule chose, qui est de ne savoir pas demeurer en repos, dans une chambre[26]. » À quoi fait écho ce conseil de Nietzsche : « Fuis dans ta solitude, mon ami ! Je te vois assourdi par le bruit des grands hommes et déchiré par les aiguillons des petits [...] Où cesse la solitude commence le marché [...] C'est à l'écart du marché et de la gloire que se passe tout ce qui est grand[27]. » Notre conscience et notre inconscient sont envahis par le monde extérieur. Aujourd'hui, à l'ère des médias, de l'information et de la communication, de la science et de la technique, nous avons plus que jamais besoin de silence et de solitude, afin de nous y retrouver, de nous débarrasser de tout le superflu, de tout le superficiel qui recouvre la vie au point de faire comme si elle n'existait pas, comme si l'information, les images, les objets se suffisaient à eux-mêmes. Nous avons besoin de retrouver le centre vital, qui est la seule réalité absolue, qui est notre nous-même le plus profond en tant que nous ne nous sommes pas faits nous-mêmes, en tant que nous sommes donnés et portés par quelque chose de plus grand que nous, la vie. Nous avons besoin de nous laver l'esprit, de le vider, de couper les fausses connexions afin de permettre à l'essentiel, non pas d'avoir lieu, car l'essentiel est un processus invisible, une présence insaisissable, mais de respirer, à savoir, simplement, de vivre.

---

26. Pascal, *op. cit.*, p. 86.
27. Nietzsche, *Ainsi parlait Zarathoustra, op. cit.*, p. 69-70.

Une philosophie exprime un ou des affects. Ce ne sera pas telle ou telle idée qui importera, mais l'état d'esprit, l'affect qui lui a donné naissance. Aucune idée n'est vraie en elle-même, n'est vrai que l'affect qui est la vie même et qui donne naissance à toutes les idées. C'est pourquoi il y a des idées de toutes les couleurs, de toutes les tonalités : des joyeuses et des tristes, des lucides et des désespérées... D'une certaine façon, toutes les idées sont vraies dans la mesure où elles émanent toutes d'un certain état de la vie. Mais justement, l'idée sera au bout du compte évaluée en fonction de cet état. Ainsi Jack London accède à des vérités dures qui signifient en pratique la réfutation de la vie [28]. La question se pose alors : que vaut une vérité qui réfute la vie ? Cette question, Nietzsche la pose constamment dans son investigation des valeurs, de la morale, du christianisme : pour ou contre la vie ? Ou encore, puisqu'on est toujours à l'intérieur de la vie : pour une vie forte ou une vie faible ? Tout est subordonné à la vie, à ses capacités, à ses affects, à ses états. Tout est affaire d'état d'esprit. Il arrive même souvent que l'état d'esprit se détériore dans des situations extérieures favorables, alors que des situations défavorables induisent au contraire un état d'esprit aguerri. Une épreuve a pour effet de nous renforcer, en nous débarrassant des faux problèmes qui occupent la surface, et des circonstances trop favorables peuvent créer une dangereuse

---

28. *Le cabaret de la dernière chance*, traduit par Louis Postif, Paris, UGE, coll. « 10/18 », 1974. Il s'agit de vérités induites par l'alcool et l'alcoolisme : tout n'est qu'illusion, farce, tromperie, mensonge. L'alcool produit des vérités qui réfutent et tuent la vie. Mais ces vérités restent à être évaluées du point de vue de la vie, d'un certain genre ou mode de vie, de tel ou tel affect dans la vie, puisqu'il n'y a qu'elle au commencement et à la fin.

complaisance en nous-même. C'est assez irrationnel. Les apparences, ici encore, sont trompeuses. Quand ça devrait bien aller, bizarrement ça ne marche pas, et inversement, dans des conditions difficiles, nous pouvons nous trouver comme poisson dans l'eau. C'est quand on atteint le fond du désespoir qu'on peut rebondir dans la joie. Façon de dire que la logique de la vie est illogique, ou plus exactement, qu'elle obéit à une logique paradoxale, au-delà de notre raison. Nous colorons le monde de notre couleur. Ce qui ne veut pas dire que tout dépende de nous, car justement, l'état d'esprit est en grande partie involontaire, plus fort que nous. Pour paraphraser Pascal, souvent nous connaissons le meilleur et faisons le pire. Nous ne sommes pas complètement passifs pour autant. La connaissance de soi, comme disaient Socrate et Krishnamurti, le travail sur soi et le souci de soi, comme disaient les stoïciens, les épicuriens et Foucault, peuvent nous enraciner plus profondément dans la vie. Il s'agit dès lors de la philosophie comme pratique, comme mode de vie ou art de vivre. Ce à quoi la philosophie comme pratique nous enjoint, c'est de changer, de vivre autrement. Du moins le désir est-il vif, l'urgence est ressentie intensément. Et dans ce désir et ce sentiment d'urgence, il y a déjà toute une passion, une énergie transformatrices.

Nous ne nous sommes pas faits. C'est la vie qui nous a faits, c'est-à-dire nous a jetés dans l'existence et nous y a jetés tels que nous sommes. Cette vie qui se trouve en nous ne vient pas de nous, ne nous appartient pas, elle est la toute-puissance à laquelle nous participons. Au fond de chaque Je singulier, il y a cette puissance impersonnelle de la vie. Nous subissons nos affects. D'où le terme de *passions*. C'est évident de la souffrance. Ce pourquoi elle est particulièrement révélatrice de cette force plus grande que nous et qui nous constitue, qui nous fait être et nous donne être. Mais c'est aussi vrai de la joie et du plaisir. Eux aussi, nous les subissons, sommes passifs à leur endroit. Cela est peut-être moins évident, car nous pouvons avoir l'impression que nous nous les donnons puisque nous les aimons. Alors qu'il est plus évident que nous subissons ce que nous détestons et dont nous tentons de nous débarrasser. Mais l'impulsion vers le plaisir, nous la subissons tout comme un malheur. Et quant à la joie, elle ne se commande pas, elle ne dépend pas de nous, tout au plus pouvons-nous créer des conditions favorables qui, comme nous l'avons vu, peuvent nous présenter des surprises. Les affects nous constituent, ce n'est donc pas nous qui les créons, ils *ne font qu'un* avec nous-mêmes. Cette passivité fondamentale face à nous-mêmes, au fait que nous sommes, et à ce que nous sommes, est la marque de la vie impersonnelle au fond de toute vie singulière, vie impersonnelle qui, par définition, a toujours déjà précédé toute vie singulière ou individuelle, et qui en même temps reste contemporaine de celle-ci et lui survit.

La vie ne cesse de nous dépasser. Rien n'est acquis en elle, elle ne cesse de nous jouer et déjouer. En même temps, elle est notre nous-même le plus profond. Mais justement, on peut aussi bien dire que nous sommes dépassés par nous-mêmes, qu'il y a plein de forces en nous que nous ne maîtrisons ni ne contrôlons. Nous tentons constamment de nous installer dans des habitudes. Est-on heureux dans telles conditions que nous tentons de les recréer. Mais en les recréant, ce ne sont plus les mêmes, et donc elles ne produisent plus le même effet. Elles sont d'abord apparues comme une surprise, alors qu'elles sont maintenant délibérément créées. Elles trouveront l'art de nous surprendre à nouveau en ne donnant pas les effets escomptés. Inversement, nous nous insurgeons contre le changement, alors qu'il peut nous apporter une force cachée de renouvellement. Nous sommes souvent loin d'être les meilleurs juges de ce qui nous convient. Pour être au diapason de la vie, il faut briser les habitudes, expérimenter, oser. Les habitudes sont comme des objets, des produits laissés par la vie dans son parcours, produits qui s'incrustent et qui servent d'obstacles à la poursuite du cours imprévu et sinueux de la vie. Nous sommes esclaves d'objets extérieurs à la vie. Ce peut être l'argent, telle ou telle possession, telle ou telle habitude. Nous ne sommes pas pleinement vivants. La vie est courte et la mort nous talonne, nous forçant à vivre le plus fortement maintenant, ce qui implique de court-circuiter beaucoup de faux problèmes ou de problèmes secondaires, d'être plus ouverts à l'aventure qu'est la vie.

Il n'y a pas de différence, encore moins d'opposition entre l'esprit et le corps. Le corps n'est pas l'extérieur dont l'esprit serait l'intérieur. Le corps vivant est intériorité, immanence, et équivaut en ce sens à l'esprit. Inversement, un contenu de l'esprit, une image, une représentation s'inscrit dans un horizon de visibilité, dans un rapport de distance, et est donc extériorité. L'esprit est le corps vivant comme pur pathos, ou pur sentir, présence à soi. Tout ce qui est lumière, clarté, évidence, intuition, vision, contemplation, réflexion, théorie, idée (qui sont autant de modalités du regard), rate la vie primitive ou absolue, même s'il en est lui-même une manifestation. Cette vie originaire se révèle en elle-même. Par rapport à la lumière du monde, qui suppose un dehors ou un espace, que ce monde soit sensible ou intelligible, cette vie est obscure, opaque, sombre, innommable. Le monde se trouve en plein jour. Il a besoin de lumière pour apparaître. Cette lumière est comme un soleil, elle se diffuse dans l'espace infini. Mais la vie est nocturne, à l'intérieur de soi, invisible, inconnue, seule témoin d'elle-même. Elle se sent et s'habite dans les rêves de la nuit, en secret, à l'abri de tout regard extérieur, comme une pure autosensation ou un pur autosentiment, une pure auto-émotion ou une pure auto-affection, sans témoin extérieur. Elle est à la fois spectacle, spectateur, acteur et metteur en scène. Le monde est diurne et la vie nocturne. Le monde est cartésien, fait d'idées claires et distinctes, la science s'adresse au monde, mais la vie est pleine d'incertitudes, de questions sans réponses, de confusion. Du fond de la vie, comme le disaient Artaud et Jean de la Croix, toute connaissance et toute lumière sont obscures. La vie n'est jamais sûre de soi, jamais dogmatique. Elle est question perpétuellement ouverte. Elle chemine toujours dans la brume et le brouillard. En tâtonnant, elle se déplace; en trébuchant, elle avance; en bégayant, elle s'exprime... Ce qu'elle pense et croit un jour est mis en question une nuit ou un autre jour. Et plus encore, ce qui importe n'est pas l'idée ou l'idéologie, mais l'affect qui défie toute idée claire et distincte, qui ne s'explique pas et ne se comprend pas, qui s'éprouve. L'affect est, par définition, obscur, nocturne du point de vue de toute raison qui, quant à elle, se veut lumière, clarté, évidence. L'affect ne reste pas en place; il ne cesse de se métamorphoser. On ne peut nommer l'affect qu'en le figeant, le simplifiant, l'idéalisant, mais en lui-même, en son sentir, il échappe à toute saisie extérieure par un langage, une pensée ou une raison.

En pratique, on ne cesse de passer d'une dimension à l'autre, de l'intérieur à l'extérieur, et vice versa. Nous sommes dans la vie, et nous sommes à l'extérieur. En fait, nous sommes toujours forcément dans la vie, mais à deux niveaux différents, plus profond et plus superficiel. Nous sentons directement la vie, et nous nous la représentons. C'est ainsi que nous pouvons être pris dans des contradictions, qui s'expliquent du fait qu'il ne s'agit pas du même niveau. Il y a le visible et l'invisible. Il y a le temps, l'évanescent, le fugitif, et l'intemporalité, l'éternel présent. Du point de vue du regard, c'est-à-dire de tout point de vue, il n'y a qu'apparition et disparition indissociables. Tout ce qui existe n'existe que pour un temps. La fin est toujours proche. Les choses ne durent que le temps d'un soupir. Les êtres sont en ce sens des fantômes, hantés par leur disparition. Mais c'est toujours d'un point de vue extérieur, dans un regard, sensible ou mental, qu'ils le sont. Dans la dimension invisible, du pur sentir comme vie, *il n'y a pas*, il n'y a rien, car l'être ne vient qu'après, comme objet quelconque, de philosophie, de réflexion, de représentation, de remémoration. Il n'y a ni commencement ni fin. Il n'y a que le sentir immédiat ou en éternelle présence. Les mots nous font faux bond quand il s'agit de décrire l'invisible, car l'invisible n'est pas la description qu'on en fait, la description et les mots convenant au contraire tout à fait à la dimension du visible ou du dicible. C'est pourquoi toute description trahit le décrit, et nous installe d'emblée dans la dimension du visible. Seulement dans cette dimension en effet, l'invisible peut acquérir une espèce de visibilité, d'être ou de réalité connue ou reconnue. On ne peut donc que trahir l'invisible.

Il y a ce qu'on voit de l'extérieur, avec tout ce que cela implique comme émotions, explications, rationalisations, formules, et ce que l'on vit de l'intérieur, forcément du fond d'un certain silence et d'une solitude inexprimable. Les deux dimensions ne sont pas contradictoires, mais coexistent nécessairement, sont même en fait étroitement imbriquées, entremêlées, ne faisant qu'une sensation, même si celle-ci s'alimente à deux dimensions, dont une seule est un point de vue ou une perspective, alors que l'autre est un pur sentir sans phrases et sans sens. C'est ainsi qu'on peut à la fois trouver la vie absurde et pleine de sens, ou qu'on peut ne pas trouver de sens à la vie en même temps que celle-ci n'en a pas besoin. C'est ainsi qu'on peut penser connaître quelque chose, de soi, de la vie, du monde, et en même temps éprouver qu'on ne sait rien, que toutes ces connaissances ne valent rien, ne sont que du vent, n'étreignent qu'un fantôme. C'est ainsi que l'existence peut nous apparaître n'avoir pas plus de consistance qu'un spectre, en même temps qu'elle est tout ce qu'il y a, tout ce que nous avons, tout ce que nous sommes, qu'elle est l'absolu. C'est également ce qui peut expliquer le devenir de nos humeurs, certaines prenant source dans la représentation, d'autres dans le pur s'éprouver de la vie. Passage de la joie à la tristesse, de la tristesse à la joie. Passage de la connaissance à l'inconnu, de l'inconnu à la connaissance. Certes, une dimension est plus profonde que l'autre, comme un roc sur lequel l'autre ne cesse de vaciller. Une dimension passe, l'autre ne passe pas. Mais nous, dans notre vie, nous passons d'une dimension à l'autre, du moins en avons-nous l'impression ou l'illusion dans la mesure où nous en avons la représentation, et voyons de l'extérieur, et donc éprouvons de l'extérieur cette coexistence des deux dimensions. Cette représentation est nécessaire et coexiste avec le pur sentir sans vision. Cette coexistence signifie que les deux dimensions ont lieu en même temps. En fait, il ne peut s'agir du même *temps*, car seule la dimension visible est dans le temps, mieux encore *est* temps. Mais toute expression, comme nous l'avons déjà indiqué, se fait du point de vue d'une certaine distance. Mais son défi, et c'est là que se trouve l'intérêt, est de créer une tension ou distorsion qui permette à la dimension invisible de hanter pour ainsi dire la visible. Il s'agit, comme l'écrit Beckett, de «forer des trous» dans le langage pour que «ce qui est caché derrière [...] se mette à suinter à travers».

Il y a une hiérarchie entre les deux dimensions. Puisqu'elles sont fondamentales, on les retrouve dans tous les domaines. C'est toute la différence entre voir de l'extérieur et habiter de l'intérieur. On parlera de la littérature, de la poésie, de l'art, de la philosophie, de la science, de l'extérieur, ce qui est toujours assez superficiel, ou l'on en parlera tout autrement, du point de vue de l'affect, beaucoup plus profondément. Mais justement, alors on *ne parlera pas* de littérature, de philosophie, on *en fera*. Le nom s'éclipsera devant la réalité. C'est à cette dimension intérieure que fait référence Nietzsche quand il dit : «De tout ce qui est écrit, je ne lis que ce que quelqu'un écrit avec son sang. Écris avec ton sang : et tu verras que le sang est esprit[29].» Et c'est à l'autre dimension que fait allusion Artaud lorsqu'il affirme que «la littérature est de la cochonnerie». Certes, dans la dimension extérieure, il n'y a pas de limite. La pensée, le langage peuvent

---

29. Nietzsche, *Ainsi parlait Zarathoustra*, op. cit., p. 55.

construire toutes les explications, toutes les théories, plus subtiles et intelligentes les unes que les autres. D'ailleurs, ils n'y manquent pas. Alors que la vie absolue ou intérieure est infiniment plus sobre, forcément, car elle est silence. C'est pour ne pouvoir dire cette dimension que la parole est intarissable, que l'entretien est infini, pour reprendre l'expression de Blanchot.

Ce sera le défi : écrire avec son sang, c'est-à-dire avec l'esprit ou la vie. Même si le résultat doit être un échec dans la mesure où la vie est ce qui préside à l'écriture, et donc la déborde constamment. Mais écrire est aussi un puissant acte de vie. Il s'agit alors d'une expression très directe, celle qu'ont tentée les grands auteurs, Beckett, Kafka, Céline, Miller, Plath, Artaud, Woolf, Mansfield, etc. Une écriture qui palpite, vibre, respire, qui soit marquée au sceau d'une puissante nécessité. Il ne s'agit pas d'écrire *sur*, mais *dedans*. L'écriture non pas comme théorie mais comme pratique. Être capable de parler des choses elles-mêmes, directement, et ne pas être réduit à commenter ce que d'autres ont dit sur les choses elles-mêmes. À cet égard, une intertextualité trop savante peut témoigner d'un manque de vitalité. Trop de médiations coupent l'accès à l'immédiat. À l'encontre de la pâle érudition qui, par peur et besoin de sécurité, ne peut se désembourber de la référence, écrire avec son corps et son esprit, avec l'être tout entier, et non pas seulement avec son intellect. Écrire sera alors la résultante d'une vie très intense et contribuera en retour à intensifier la vie. Alors, ce n'est pas un simple individu qui crée, mais l'humanité en un individu. C'est l'humanité tout entière qui se trouve impliquée. Dans une telle manière d'écrire ou de créer, l'homme est en jeu, en question, loin qu'il observe de haut ou de loin, de l'extérieur. L'écriture devient une ligne d'oxygène, une ligne de fuite face à une situation insupportable, une nécessité vitale. L'homme tout entier se met dans la création comme il est d'emblée tout entier en lui-même ou en la vie. L'écriture participe de l'immanence de la vie. Elle transporte les puissances de celle-ci. Écrire a toujours à faire avec l'en deçà ou l'au-delà des apparences. Écrire pointe en direction de la réalité derrière les images, les masques, les consensus, les valeurs sociales. Il n'en est cependant ainsi que dans la mesure où écrire est acte de vivre. En tant qu'écrire retombe forcément en écrit, en œuvre, il perd ses liens vitaux, et ne les retrouve que par l'entremise d'un lecteur. L'œuvre en elle-même est morte et ne vaut que connectée à une autre vie, et une autre encore. L'œuvre en elle-même est comme un autre objet. Elle participe aux valeurs sociales, confère un statut, fait l'objet d'interprétations, etc. Elle s'inscrit dans un processus de reconnaissance alors que dans son surgir elle découle plutôt du processus inconnu et inconnaissable de la vie. En tant qu'objet, elle se retourne forcément contre la vie qui lui a donné naissance. Ce sont comme les chefs-d'œuvre, selon Artaud, qui nous empêchent de prendre contact avec la force qui est dessous, et qui est la vie. Seulement par la lecture, l'écriture deviendra vie, à savoir intériorité. Encore que tout dépendra de la profondeur de l'intériorité rencontrée. Comme D. H. Lawrence le disait, certains n'ont d'âme que collective. De même, certains n'ont d'intériorité que calquée sur l'extériorité, envahie par elle. La lecture sera alors superficielle, à l'image du traitement social, voire médiatique, de l'œuvre.

Dans la pratique, les deux dimensions ne cessent de coexister. Parler de l'invisible, écrire sur

l'invisible, montrer l'invisible indiquent la coexistence des deux dimensions. C'est l'oscillation entre
les deux qui crée la confusion, l'incertitude, qui fait
qu'une chose peut être à la fois vraie et fausse, qu'un
individu est heureux et malheureux, ou plutôt joyeux
et triste, qu'un esprit est profond et superficiel,
généreux et mesquin, sain et malade, que la pensée
est occupée de tant de questions ou de problèmes,
connaît le calme et l'agitation. De l'intérieur, les
choses sont dans leur juste proportion, nous sommes
connectés à l'essentiel, mais de l'extérieur, prennent
la première place tellement de faux problèmes ou des
questions totalement secondaires qui tournent autour
de valeurs sociales, autour précisément de questions
de représentation. De l'intérieur, chacun est l'humanité, ne sait pas qui il est, ne veut pas le savoir, est
monsieur ou madame Tout-le-monde. De l'extérieur,
chacun cherche à être le premier, a occuper les devants de la scène. Seulement de l'intérieur, l'homme
peut être sage, de l'extérieur, il est souvent un imbé-
cile. Comme animal social et politique, l'homme est
superficiel, car il se trouve sous la vue des autres et
de soi, en représentation, où les valeurs qui comptent
sont extérieures, ayant trait à des questions d'image,
de statut, de réputation. Mais comme individu,
l'homme peut intérieurement couper avec ces apparences, confronté dès lors à l'essentiel sans image,
sans statut, sans réputation, sans mémoire, sans
attente, sans but : la souffrance, la mort, l'amour...
sans nom, en tant qu'ils sont réels, donc en tant qu'ils
font partie d'une sensibilité absolue pour qui toutes
les valeurs sociales deviennent secondaires, se décol-
lent et tombent en lambeaux. Notamment, réussite et
échec n'ont de sens que socialement, c'est-à-dire
qu'eu égard à des images. Dans la vie en son vivre, ils

ne signifient rien. C'est comme au moment où quelqu'un meurt. Dans son mourir, il atteint à l'essentiel, la pensée se vide naturellement de tout le fatras dont elle est si occupée habituellement, seul l'acte vivant importe au point de prendre toute la place et d'élever la sensibilité à une intensité absolue. C'est également ce qui se passe lors d'une grande souffrance, ou d'une grande joie, lors d'un amour. Tout le reste se résorbe pour ne donner lieu qu'à l'essentiel, à savoir à la vie impersonnelle et singulière en deçà de toutes les valeurs, de tous les problèmes, de toutes les questions. Alors, il n'y a plus explication, théorie, philosophie, poésie, art, littérature, car eux aussi se résorbent comme appartenant à une dimension de représentation secondaire ou inessentielle eu égard à l'affect pur qui ne représente pas, mais qui *est* la vie absolue.

Dans la dimension intérieure, les problèmes ne se posent pas au sens où ils ont toujours déjà été précédés par leur solution, à savoir la vie toute nue, la vie telle quelle. De même, il n'y a pas de sens ou de signification, il n'y a que ce qui est. Dans la dimension intérieure, il y a solitude et silence, ce qui n'est pas isolement, puisque cette solitude est riche d'elle-même, ou encore puisque individu = univers. C'est du fond de cette solitude radicale que le rapport se fait avec le monde; plus encore, c'est dans cette solitude que le monde est. Dans la dimension extérieure, il y a un ensemble de rapports plus ou moins faux et superficiels pour précisément aménager le monde en extériorité, et dans ces rapports chacun est isolé, dans un monde étriqué, sans grande consistance. En extériorité, la vie est toujours avant ou plus tard, alors que dans l'intériorité, il n'y a de vie que maintenant, ce qui se passe d'ores et déjà, en éternel présent. Il n'y a aucun autre sens, aucune autre justification, aucune autre temporalité profonde.

Dans la dimension intérieure, il n'y a rien à faire ou à accomplir, il n'y a qu'à être, à vivre ou à contempler. Domaine du silence, de la solitude, du ne-pas-faire, de l'oisiveté. Dans une telle oisiveté fondamentale, la vie a un sens, ou plutôt, est sens. C'est dans la dimension extérieure que nous cherchons à faire, à réaliser, que nous cherchons à devenir. Dans la dimension intérieure, ce que nous sommes ne peut pas être monnayé, il ne peut pas être connu, il ne peut pas être saisi, il ne fait que se sentir, à savoir jouir de soi, ou se souffrir. Dans cette dimension, on ne peut jamais dire : je suis ceci, je suis cela, car parler ainsi suppose une distance que ne comporte justement pas la dimension intérieure. Dans la dimension intérieure, rien à prouver, pas de science, pas d'art, pas de philosophie : la vie se suffit totalement à elle-même, plus encore, elle ne supporte rien d'autre qu'elle-même. Tous les problèmes y sont résolus avant même d'être posés. La mort elle-même n'est pas un problème dans la mesure où elle fait partie du vivre, et n'a de réalité que dans ce vivre. En d'autres mots, elle n'est pas une idée, un objet ou une image, susceptible de produire angoisse, théorie, spéculation, croyance, mais un fait vécu ou un affect. Peut-être est-ce alors vivre comme un animal, mais au sens où l'animal est naturellement plus près de ce vivre absolu que l'humain qui a construit un univers de la représentation dans lequel il se perd et s'agite, perdant de vue l'essentiel d'où cet univers même émane. Et puisque tout est vivant à sa manière mystérieuse, c'est aussi vivre comme la plante, comme la pierre, faisant bloc avec soi en véritable *individu*. Cette vie de pure intériorité, c'est aussi celle de toute la Nature au sens de Spinoza, en deçà des apparences, comme intelligence intrinsèque à tout ce qui se déroule à la surface, intelligence qui se manifeste dans le visible, mais qui elle-même demeure en retrait, dans une dimension à laquelle on ne peut avoir accès avec aucun regard, pas plus celui de la pensée ou de l'esprit que celui du corps, pas plus la vision ou l'intuition que la perception. Cette vie intérieure à l'homme habite également tout ce qui est.

L'homme se laisse prendre dans cet univers factice et secondaire qu'il crée de par la force de la vie qui l'engendre et l'habite. Ce qui est débordement de vie s'avère un piège. La vie de l'homme devient esclave de ses propres productions. Cette vie est plus forte que l'homme. L'homme ne s'est pas donné la vie, mais la reçoit. Et tout ce qu'il fait est plus fort que lui. Tout ce qu'il a, il ne le possède pas, mais le subit, en a tout au plus l'usufruit, comme dit Lucrèce. Même sa liberté, ce n'est pas lui qui se la donne, mais il la reçoit et la subit. Il n'est pas libre d'être libre. Tout cela exprime la toute-puissance de la vie, dont l'homme n'est qu'un spécimen. Cette vie qui se dompte, s'apprivoise, s'enferme dans la forme humaine, cherche aussi à s'en défaire, pour retrouver toute sa luxuriance, sa puissance gratuite et proliférante. L'homme *est* cette vie. Il cherche donc à s'en sortir, à retrouver en lui le pur sentir. Il cherche des moyens. Toutes les techniques spirituelles sont de tels moyens. Également les diverses drogues. Celles-ci ont pour effet de ramener les choses à leurs justes proportions, d'éliminer le superflu qui prend tellement de place, pour se concentrer sur l'essentiel. Et qu'est-ce que l'essentiel ? L'essentiel n'est aucun contenu en particulier, mais une forme, celle de se sentir ou de s'éprouver soi-même. Le drogué peut être perdu dans ses pensées, son courant d'images intérieures, il peut investir la chose la plus insignifiante du monde, un point sur une feuille, l'essentiel est le sentir, l'intensité de la sensation, car seule une telle intensité est la vie. Ce n'est pas ce qui est senti qui importe, car ce qui est senti fait partie de la dimension extérieure secondaire, mais le sentir lui-même, donc l'intensité propre à ce sentir. Avec ou sans drogues, on peut sentir une feuille, une lumière, un geste, un nuage, une couleur, peu importe, c'est la capacité de ne faire qu'un qui importe.

Dans l'enfance, on n'investit peut-être que des bagatelles, que des « riens puérils » pour parler comme Proust, mais ce qui importe est l'intensité de l'investissement, qui est la vie de l'enfant, vie à la plus haute puissance, car se déroulant en pure intériorité, en vase clos pour ainsi dire, en dehors du monde adulte. C'est la raison pour laquelle tout le sérieux du monde, tout ce qui est statut social est à côté. Car ce n'est pas là que l'essentiel se passe. C'est dans l'oisiveté, dans les riens puérils, les insignifiances. Par exemple, lors d'une conversation sérieuse, débattant des grands problèmes du monde, ce qui est essentiel pour la vie, c'est toujours autre chose, l'insignifiant, comment quelqu'un tient la tête, ce qui se passe à travers la fenêtre, une certaine atmosphère, un oiseau qui pépie, un enfant qui trébuche. Voilà l'essentiel, et non pas toutes les cérémonies, les discours officiels, qui sont tellement loin de la source première de l'affect où la vie se trouve toujours tapie. L'essentiel, c'est tout ce qui n'est pas pris en compte, qui est délaissé, qui ne prend pas de place, pas de temps et pas d'espace, les affects fugitifs (fugitifs du point de vue du temps, mais en eux-mêmes faisant partie intégrante de l'éternel présent de la vie). Dans l'intensité de l'enfant, il n'y a pas de distance ou de séparation entre lui et ce qu'il fait, ce qu'il pense, ce qu'il voit, ce qu'il touche, l'endroit où il se trouve. Tout, pour l'enfant, n'est qu'une seule vie, brûlante, éternelle. Tout est imbibé de sa puissante individualité.

Chapitre VI

Que ne sommes-nous pas prêts à faire pour entrer en contact avec la pure vie brute et absolue ! On peut même être prêt à se tuer. N'est-ce pas pour cela que l'on prend les pires risques ? Pilote de course, guerrier, guérillero, tout ce qui met en danger la vie et lui confère par le fait même la plus grande intensité. Et même quand quelqu'un se tue, est-ce vraiment par dégoût de la vie, ou plutôt pour la retrouver dans sa plus grande pureté et immédiateté, au-delà de toutes les couches aménagées, colonisées, et qui ne sont pas vraiment elle ? Dans le mourir, au moins y a-t-il une très simple et pure sensation de vivre, comme peut-être jamais elle n'a été ressentie auparavant, tellement la vie était embourbée dans les faux problèmes qu'elle avait elle-même créés. Ce ne serait donc que superficiellement, extérieurement, qu'on se suiciderait par dégoût de la vie, plus profondément, à un niveau inaccessible, ce serait par amour excessif de la vie, pour sentir celle-ci dans toute sa pureté, au-delà ou en deçà de toutes les occupations et préoccupations, problèmes et faux problèmes (et il ne faut pas oublier que du point de vue de la vie, tout problème est faux problème). Voilà pourquoi peut-être les suicidés nous hantent. Car ils s'y sont mal pris pour atteindre un but que tout le monde recherche, et qui en fait ne peut être atteint ou expérimenté, qui ne dépend d'aucune méthode ou technique, qui doit être déjà là pour advenir, qui en fait est toujours déjà là comme source première de vie. Les suicidés ont expérimenté l'essentiel, à savoir une vie laissée à elle-même, sans aucun faux-fuyant, sans image, sans espoir. Mais tous les morts ont vécu la même chose, et c'est pourquoi ils nous hantent, et nous inspirent une telle admiration. Ce sont des héros, en même temps qu'ils n'ont fait que ce que tout le monde fait de toute façon, lâche ou courageux. C'est la loi de toute vie, loi au sens d'Héraclite, loi comme *logos* ou comme destin, comme fatalité, comme *amor fati* au sens de Nietzsche. Tout un art de vivre.

Dans un registre semblable, le philosophe tchèque Patočka développe l'idée de sacrifice. Par le sacrifice, l'homme brise ses chaînes, il montre qu'il n'est pas esclave de la vie, un peu comme Kirilov, le célèbre personnage de Dostoïevski, il donne la preuve qu'il est au-dessus des contingences, il donne la plus grande preuve de sa liberté. Et qu'est-ce que la liberté sinon le pouvoir de dire non, le pouvoir de résister ? On ne sait pas de quoi une telle liberté est capable, combien elle est radicale. On fait comme si l'on était contraint alors que la liberté peut aller jusqu'à donner *la* vie et donner *sa* vie. Notre liberté est radicale, et fait de nous presque des dieux : c'est ce que veut montrer Kirilov. Il ne s'agit pas, dans l'un et l'autre cas, de mourir pour une cause, pour quelque chose, mais plus profondément, de mourir pour *rien*. La liberté n'est-elle d'ailleurs pas elle-même la puissance du rien, cette capacité de bifurquer et de dévier au milieu des nécessités et des contraintes, cette capacité d'agir *en dépit* des causes et des circonstances, à travers les obstacles ? La liberté n'opère-t-elle pas une percée, ne trace-t-elle pas une ligne de fuite, n'effectue-t-elle pas un changement de cap ? Il s'agit de se libérer d'une vie emprisonnée dans les objets, paralysée par la peur, précisément d'une vie trop *pleine*, ou trop *remplie* de toutes sortes d'objets, de représentations, de valeurs, de soucis et de faux problèmes. Il s'agit de tuer les objets et la peur qui empoisonnent la vie. Il s'agit de vider, de dénuder, de purifier la vie, de la rendre à elle-même, à son propre noyau ou à son cœur, de la rendre à l'essentiel. Telle est la libération. De quelle vie l'homme se libère-t-il de la sorte ? D'une vie servile. « L'homme est enchaîné à la vie par la mort et par la peur; il est manœuvrable à l'extrême[30]. » C'est la peur qui l'écrase, qui le rend timide, résigné, manipulable et corvéable.

C'est par peur que nous ne faisons pas ce que nous voulons, et que nous nous résignons à faire ce que nous ne voulons pas. La peur nous enchaîne à une vie médiocre, rend notre vie médiocre. Cette peur est multiple, peur de manquer, et notamment de manquer d'argent, peur de risquer, peur de ne pas accomplir,

---

30. Jan Patočka, *Essais hérétiques sur la philosophie de l'histoire*, traduit par Erika Abrams, Lagrasse, Verdier, 1981, p. 143. Quant à Kirilov, on consultera Dostoïevski, *Les possédés, I, op. cit.,* p. 178 et suiv., et *II*, p. 368 et suiv. « La liberté sera totale quand il sera indifférent de vivre ou de mourir [...]. La vie est souffrance, la vie est terreur, et l'homme est malheureux [...]. Celui qui vaincra la souffrance et la terreur, celui-là sera lui-même Dieu [...]. Celui qui se tuera uniquement pour tuer la terreur, celui-là deviendra à l'instant même Dieu [...]. La manifestation suprême de ma volonté, c'est le suicide. »

peur de n'être rien, peur ultime de mourir. C'est paradoxalement par peur de mourir que l'homme se met dans des situations où on peut le tuer sans qu'il se défende. Si l'homme vainc sa peur de mourir, les autres peurs ne font pas le poids, il acquiert une puissance et une liberté insoupçonnées. Être libre par rapport à la mort confère à la vie une légèreté extraordinaire. C'est paradoxalement à ce moment qu'on devient le plus vivant. Être libre, non pas au sens d'en vouloir toujours plus, mais au contraire au sens de pouvoir renoncer, de se dénuder, de se sur-monter ou dépasser, de se risquer, de se sacrifier. Avoir l'audace, la liberté, la légèreté, la joie de celui qui n'a rien à perdre puisqu'il a d'ores et déjà mis sa propre vie en jeu et en question. Si on donne sa vie, que peut-on perdre d'autre ? C'est quand on donne sa vie qu'on est le plus vivant. L'homme ne se sacrifie pas pour obtenir quelque chose, mais pour témoigner d'une vie d'autant plus riche qu'elle est plus dé-pouillée. Il montre de la sorte que la vie se suffit à elle-même, que les objets dont on l'emplit et dont elle s'emplit sont seconds ou secondaires. Si la vie se sacrifie pour *rien*, c'est parce qu'aucun objet, aucune valeur, aucune cause ne lui convient ou ne peut la satisfaire. Seule sa propre nudité lui convient. Et, en fait, ce n'est pas pour témoigner que l'homme se sa-crifie, car ce n'est pas pour un point de vue, pour une extériorité qu'il agit de la sorte, mais en vertu d'une exigence intérieure plus forte que lui, absolument vitale. La vie en lui l'exige ; la vie veut effectuer une percée à travers les innombrables objets de toutes sortes qui l'encombrent et l'étouffent. Il n'a pour ainsi dire pas le choix, il s'agit là d'une condition nécessaire pour que la vie ait sens ou soit vivable. La vie la plus intense est celle qui sait faire face à la mort, car la mort nous force à « laisser tomber toutes les mesquineries courantes des hommes qui vivent leur vie comme si la mort n'allait jamais les toucher[31] ». La mort, le vide ou le rien intensifie la vie en la débarrassant de tout ce qui la remplit, plaintes et griefs, désirs irréalisés et frustrations, soucis et obligations, argent et objets, valeurs dominantes et justifications, peurs et résignations... C'est au nom d'une autre qualité de vie que l'homme risque sa vie. Car la vie est l'absolu. Cela rejoint ce que dit T. E. Lawrence de la révolte des Arabes contre la domination turque : « Les Arabes se battaient pour la liberté, et c'est un plaisir qu'on peut seulement goûter vivant[32]. » Ce à quoi Patočka peut ajouter : « La liberté ne commence pas "après seulement", une fois la lutte terminée ; au contraire, sa place est justement dans cette lutte », dans la force de résister, de dire non[33]. On est prêt à donner sa vie, mais ce n'est pas pour la mort, on se sert au contraire de la mort pour intensifier la vie. C'est le cas chaque fois que la vie affronte la mort sous une forme ou une autre. Et c'est pour cette raison que la vie, souvent, provoque cette confrontation. Ce ne peut pas être en elle-même que la mort a sens, mais uniquement du point de vue de la vie. Par exemple, dans un autre registre, Cioran déclare que « la pensée du suicide est une pensée

---

31. Carlos Castaneda, *Le voyage à Ixtlan*, traduit par Marcel Kahn, Paris, Gallimard, coll. « Témoins », 1974, p. 44.

32. T. E. Lawrence, *Les sept piliers de la sagesse, I*, traduit par Charles Mauron, Paris, Petite Bibliothèque Payot, 1963, p. 222.

33. Jan Patočka, *op. cit.*, p. 144 : « Il importe de comprendre que ceux qui se trouvent exposés à la pression de la Force sont libres, plus libres que ceux qui, restés à l'étape, assistent à la lutte en simples spectateurs, en se demandant anxieusement si et quand leur tour aussi viendra. »

qui aide à vivre[34] ». La pensée du suicide permet de prendre distance par rapport aux oppressions, humiliations et impossibilités de vivre de la vie. Face à l'intolérable, il y a une porte de sortie, et la pensée de cette porte de sortie peut rendre l'intolérable supportable. Mais ici encore, ce n'est pas le suicide comme tel qui est salutaire, puisque, comme toute mort, il se situe en dehors de tout sens, de tout salut et de toute perte, il plonge dans le rien ou le néant pur et simple. C'est « la pensée du suicide », c'est dans la vie, comme affect de la vie, que le suicide est libérateur, et « aide à vivre ». C'est pour une vie plus grande, plus libre, plus intense, plus elle-même, plus vivante, une vie qui prend « soin ou souci de l'âme », comme dit Patočka, une vie débarrassée de ce qui la tue et la fait ployer, de ce qui l'enferme et l'étouffe, de ce qui la paralyse et la stérilise. Une vie qui ne se laisse plus mener par la peur de mourir. Une vie qui peut se risquer, qui peut mourir au nom de ce qu'il y a de plus grand en elle-même. Une vie qui meurt, voire qui se tue, au nom d'une exigence vitale qui ne trouve pas autrement à se satisfaire. Car elle ne peut se satisfaire d'aucun objet, elle ne peut se satisfaire que de sa propre nudité, que de sa propre sobriété et simplicité, elles-mêmes proches de la mort, proches du rien. La vie : la vibration du rien. Ou encore, la vie se sacrifie au nom d'une vie qui lutte contre ce qui la tue et la fait ployer, donc c'est au nom d'elle-même que la vie se sacrifie. Une fois de plus, on peut mourir par excès de vie, par trop grande vitalité. Mais sur toute cette question du sacrifice et du suicide direct ou indirect (sacrifice ou suicide indirect que la mort de Socrate et du Christ ?), il faut toujours avoir en mémoire cette

---

34. Cioran, *op. cit.*, p. 94.

parole de Nietzsche : « Et si pour sa doctrine quelqu'un se jette au feu, — de quoi est-ce une preuve ?
Meilleure preuve, en vérité, est que de son propre
brasier vienne sa propre doctrine[35] ! »

La vie est immédiateté, étreinte silencieuse des
corps. L'absolu est toujours présent, en deçà de toute
expression et de toute possibilité d'expression. C'est
le contact direct avec la vie qui importe. C'est uniquement dans un tel contact qu'il y a savoir (savoir de la
vie qui connaît mieux la biologie que tout biologiste,
de l'esprit qui connaît mieux la psychologie que tout
psychologue, de la matière qui connaît mieux la
physique que tout physicien, savoir direct et immédiat
sans formule, sans loi et sans expression). C'est à ce
niveau qu'il y a sagesse (alors que la philosophie
n'est que l'amour de la sagesse). Dans ce contact direct, nous sommes invulnérables, identifiés à la vie
même. Dans cette position de pure immanence, nous
goûtons une lenteur, non pas après ou avant, mais
maintenant, au sein même de l'agitation. Nous goûtons une solution vivante, non pas plus tard, mais au
sein même des problèmes. Manière d'habiter fortement ce qui est. C'est un calme au fond de tout trou-
ble, une joie au sein de toute tension, une présence
qui se suffit à elle-même. L'écriture témoignera d'une
telle dimension, la pointera du doigt, lui donnera une
sorte d'existence dans le milieu de l'extériorité et de
la visibilité, de la socialité, ou plutôt en ce milieu amé-
nagera un trou ou un vide, comme un doigt pointé
vers une tout autre dimension, intérieure et invisible,
inconnue, et pour cette raison laissée pour compte par
la dimension sociale et visible. Dans la dimension

---

35. Nietzsche, *L'Antéchrist*, *op. cit.*, p. 98.

intérieure, on ne peut pas dire que « Je suis ». Il n'y a pas conscience d'être ou d'exister, conscience qui implique la distance d'une certaine extériorité. Ou encore, la conscience ne fait qu'un avec le fait, le processus ou le vivre, sans réflexivité. L'être est quelque chose qui se prête à une vision, alors que la dimension intérieure est invisible. Le Je ne fait qu'un avec l'affect.

La vie est toujours maintenant et nulle part ailleurs. C'est tout à la fois merveilleux et tragique. Merveilleux, car il n'y a pas de plus tard, il n'y a pas d'attente, il n'y a rien à faire avant que ça commence, nous sommes toujours d'emblée dedans. La vie est à empoigner là même où nous sommes, là même où elle est. Nous sommes dedans, l'absolu est toujours là. Cela nous confère une grande énergie, cela transmute instantanément la qualité de notre vie. La transformation, si transformation il doit y avoir, ne peut se faire que sur place, qu'immédiatement. Mais c'est aussi tragique au sens où rien ne peut justifier la vie, aucun futur ne peut justifier le présent ou le passé, le présent est un gouffre dont on ne peut sortir, tout s'y passe, toute la vie s'y trouve. Le présent a une qualité ou une saveur d'éternité. Remettre à plus tard est une imposture, nous n'avons pas de porte de sortie ou de prétexte. Cette vie dont nous parlons est celle de monsieur ou madame Tout-le-monde, de l'individu ordinaire. Et peut-être cette vie est-elle plus intensément ou purement chez l'individu impersonnel, anonyme, inconnu (d'un point de vue social ou extérieur). Car chez l'individu connu, la « personnalité », comme on dit, le statut ou l'image occupent trop de place, la personne est comme perpétuellement dédoublée, y compris à ses propres yeux, car il est tentant d'avoir sur soi le regard des autres, ou de la collectivité (d'ailleurs

tout regard est extérieur et collectif). L'âme individuelle est comme écrasée par l'âme collective. Le
désir d'être s'inscrit dans la représentation. Être ou
être quelqu'un implique une distance, un regard.
Dans la vie intérieure, nous ne sommes pas, nous ne
sommes personne. Être quelqu'un, c'est être reconnu.
Nous ne sommes nous-mêmes quelqu'un à nos propres yeux que dans la mesure où nous sommes reconnus aux yeux des autres. S'apprécier soi-même est
essentiellement affaire de statut. Pure affaire d'image.
Mais au fond de nous-mêmes, nous ne pouvons savoir
qui nous sommes, mieux encore nous ne sommes personne. Derrière le statut, derrière le masque, derrière
la personnalité, derrière l'individu particulier qui est
défini par un passé, un conditionnement, une histoire
collective et singulière, nous sommes personne ou
tout-le-monde. Nous sommes seulement *une vie*, une
pure vie brute, impersonnelle, singulière. L'ambition,
le désir d'accomplir ne concerne que la vie extérieure, *reconnue*. En nous-mêmes, en notre vie la plus
ordinaire, nous ne nous connaissons pas nous-mêmes.
Pour être reconnus, il faut d'abord pouvoir être con-
nus, et donc pouvoir se connaître. Mais si nous ne
pouvons pas nous connaître nous-mêmes, toute reconnaissance ne peut être qu'un malentendu.

Alors que l'individu inconnu est peut-être naturellement plus proche de cette couche de vie, précisément elle aussi inconnue, dont nous parlons, qui n'a
pas d'image, pas d'ambition, pas d'attente, par-delà
l'échec et la réussite, la vie gratuite et qui n'a d'autre
sens que d'être ou d'éprouver à un niveau qui échappe
à toute saisie, à toute valeur sociale, à toute reconnaissance. C'est une grâce d'être inconnu. Et inversement, la reconnaissance ou la renommée est un piège.
L'individu inconnu jouit d'une totale liberté. Il n'a

rien à montrer, rien à démontrer, on n'attend rien de lui. Il peut donc aller plus profondément, il n'a pas d'image à protéger. Quand il écrit, il n'écrit que pour lui-même, confronté uniquement à la vérité, il communie avec la vie nue et brute, par-delà bien et mal, sans cause et sans but, qui constitue le noyau de tout être. Alors que l'individu public ou reconnu est piégé par ce qu'on attend de lui, par sa propre image qu'il se doit de ne pas trop malmener. Et même quand il la malmène, il reste encore en réaction vis-à-vis d'elle, c'est encore elle qui le mène. L'individu inconnu est libre y compris face à lui-même, car c'est à ses propres yeux qu'il est inconnu, et non seulement aux yeux des autres.

Il en est de même du riche. Sa richesse qui se traduit en possessions prend toute la place. La visibilité cache l'invisible. La vie transcendantale du riche s'efface derrière sa richesse. Jouissant de pouvoirs spéciaux, il ne semble pas un individu comme un autre. Comme s'il participait de l'objectivation de ses possessions, comme si sa vie en acquérait une espèce d'invulnérabilité. Et il est vrai que la richesse donne des moyens supplémentaires dont ne dispose pas le pauvre. Mais une fois de plus, il s'agit d'une illusion d'optique. Ici encore, la vie à l'état nu est, par définition, plus dans son élément propre chez le pauvre, qui est déjà dépouillé extérieurement. La vie à l'état nu est vie de pauvreté, d'une pauvreté intérieure, une vie dépouillée d'abord intérieurement, dépouillée d'ambition, de pensées, de faux problèmes, d'affects superficiels, une vie concentrée sur elle-même ou sur l'essentiel.

Quoi qu'il en soit, tout individu, connu ou inconnu, célèbre ou anonyme, riche ou pauvre, recèle au fond de lui cette vie à l'état pur qui constitue sa plus intime subjectivité. À ce niveau fondamental, il n'y a pas de supérieur et d'inférieur, il y a simplement «une vie», qui jouit et qui souffre, qui éprouve, qui se sent, une pure pulsation ou vibration, une intériorité mystérieuse. Un être dont on ne voit que les apparences, que l'extérieur, mais qui de l'intérieur, où il est lui-même, se rapporte directement à soi sans aucune distance, et qui de l'intérieur de ce rapport à soi ou de cette immanence constitue un univers lui aussi inaccessible de l'extérieur. L'œuvre d'art, chez l'individu qui crée, offrira aux autres individualités une certaine représentation de cet univers ou de cette intériorité secrète ou mystérieuse. Mais ce ne pourra jamais être celle-ci telle qu'elle est. Comme nous l'avons vu, l'œuvre d'art n'exprime la vie que grâce à un écart, une distance qui fait en sorte que ce ne peut plus être la vie elle-même, mais une synthèse, un résumé, un éclaircissement, une image, une mise en forme de celle-ci. L'univers dont il est ici question ne se compose pas d'objets, ne se situe pas dans l'espace, mais ne fait qu'un avec l'individualité, il s'agit d'un univers complètement vivant ou affectif.

Comment avoir accès à ce pur flux de vie? En fait, nous y sommes toujours, mais il est vrai, comme nous l'avons vu, que ce flux est fortement recouvert sous les images, les objets, les soucis, les représentations, les états et les humeurs changeants. En même temps, tout cela fait également intégralement partie du flux de vie. Celui-ci comporte différents niveaux plus ou moins profonds ou superficiels. C'est ainsi qu'on peut vivre souvent à la surface de soi-même ou de la vie, ou qu'on peut y plonger profondément. Pour plonger, il faut s'arrêter, ne plus bouger, s'enfoncer. Certains adjuvants peuvent y contribuer. Entre autres, les drogues.

Tout ce qui aide à l'attention ou la concentration, toute occupation qui nous prend corps et âme, une passion, un vif intérêt, par exemple la lecture d'un bon livre. C'est dans cette immobilité que l'on peut s'enfoncer profondément dans le flux de vie. Il faut libérer la vie. Car la vie est bloquée à l'extérieur. Elle se perd dans ses propres productions. C'est même là son caractère tragique, selon Georg Simmel[36]. Les plus hautes productions de la vie se retournent contre elle dans la mesure où elles sont à l'extérieur d'elle, acquièrent une autonomie, jouent le rôle d'obstacles à son déploiement, deviennent comme des objets morts, aussi forte que fût l'intensité de vie qui leur donna naissance. Rappelons que tout émane de la vie, fût-elle la Vie absolue en tant que Dieu, *Deus sive Vita*. Sans vie, il n'y a rien. Il faut une sensibilité quelconque, même embryonnaire, pour qu'il y ait quelque chose. Même la mort est une production de la vie. Sans vie, pas de mort. Tout ce qui est contraire à la vie, qui lui sert d'obstacle, d'empêchement, provient d'elle. Elle est le seul absolu. Donc, la vie doit lutter contre elle-même, ou plutôt contre ce qu'elle a laissé tomber en cours de route, contre ses innombrables productions. La vie doit se défaire de ce qu'elle ne peut s'empêcher

---

36. « Nous qualifions de fatalité tragique ceci, à savoir : que les forces d'anéantissement dirigées contre une essence jaillissent précisément des couches les plus profondes de cette essence même.» La vie s'objective nécessairement dans des œuvres qui constituent la culture. Mais ensuite, elle se perd trop facilement dans cette logique des objets, qui est aussi une logique de la mort, et qui joue donc contre ses pulsions ou ses instincts les plus profonds (Georg Simmel, *La tragédie de la culture*, traduit par Sabine Cornille et Philippe Ivernel, Paris, Petite Bibliothèque Rivages, 1988, p. 209).

de produire de par sa puissance jaillissante et rejaillissante. Certes, toutes ses productions ne sont pas égales. Certaines sont bonnes, pour parler comme Nietzsche et Spinoza, c'est-à-dire vont dans le sens de la conservation et de l'accroissement de la force de vie, d'autres sont mauvaises, c'est-à-dire vont dans le sens de la diminution ou de la destruction de cette force. Mais toutes, en tant qu'objectivations de la force vivante, sont des obstacles que la vie doit traverser pour resplendir à nouveau. Antonin Artaud l'avait bien vu. Même les chefs-d'œuvre, où la vie à sa plus haute puissance s'est exprimée, sont des obstacles : « Nous pourrions tout de même voir que c'est notre vénération devant ce qui a été déjà fait, si beau et si valable que ce soit, qui nous pétrifie, qui nous stabilise et nous empêche de prendre contact avec la force qui est dessous[37]. » La force qui est dessous est la vie toute nue, le pur flux de vie sans images et sans phrases. Comme le dit encore Artaud, « sous la poésie des textes, il y a la poésie tout court, sans forme et sans texte[38] ». Pour prendre contact avec la vie telle qu'elle est, il nous faut donc une ascèse, une nudité ou un dénuement, une nouvelle innocence ou une humilité supérieure, un contact direct et immédiat par-delà tous les chefs-d'œuvre et autres objets de la culture.

---

37. Antonin Artaud, *Le théâtre et son double*, Paris, Gallimard, coll. « Idées », 1964, p. 119.
38. *Ibid.*

Chapitre VII

Chaque individu ne fait qu'un avec l'univers. Au fond de lui, un individu ressemble à un autre. De même un univers ressemble à un autre. Cela étant dit quand on regarde de l'extérieur et que l'on compare. Du point de vue intérieur, c'est l'immanence, à savoir l'absence de distance ou de séparation entre un individu et son univers. L'homme est dans l'air comme le poisson dans l'eau. Les poumons de l'homme font couple avec l'air comme les nageoires du poisson avec l'eau. La forme des pieds s'harmonise avec celle de la terre ; les ailes des oiseaux épousent l'air... De l'extérieur, cette relation est physique, mais de l'intérieur, elle est principalement psychique ou affective. En fait, le physique est psychique ou affectif. Ce qui est corps physique du côté du visible est corps psychique du côté de l'invisible, une fois dit que « je suis corps de part en part », pour parler comme Nietzsche[39]. Le corps mental est la face intérieure ou virtuelle du corps physique extérieur ou

---

39. Nietzsche, *Ainsi parlait Zarathoustra*, *op. cit.*, p. 48.

actuel. Mais les deux ne font qu'un. Il existe donc une complicité apriorique entre l'individu et l'univers. Une interaction continuelle entre les deux. Le soleil et l'œil sont dans une relation de point-contrepoint, comme le pied et la terre, le poumon et l'air. Un même air de famille, une même étoffe ou *substance* (comme disait Spinoza). Le contact se fait d'emblée. Mais la même chose existe chez tous les vivants, les animaux, les plantes. Ainsi la relation entre la forme des feuilles et l'eau de pluie[40]. Les individus et le monde sont de même nature. Chez les hommes, le langage est immédiatement mondain, fait lui aussi partie du contact. Mais en disant tout cela, nous en restons forcément à un point de vue extérieur sur le lien entre le monde et le vivant. À cet extérieur correspond un sentir immanent, quant à lui inaccessible de l'extérieur. C'est en ce sentir que le contact prend vie, devient réel ou concret.

En deçà des masques, tous les individus sont semblables. Dans la mesure où l'individualité profonde consiste en l'acte d'éprouver, cet acte est tantôt tel Je tantôt tel autre. Les affects, en leur cœur, sont identiques. Une sensibilité en son fond est identique à une autre sensibilité. C'est par là que la communication avec une autre individualité se fait. On peut se mettre à la place de l'autre, sentir de l'intérieur de sa peau, car pour l'essentiel, un affect ressemble à un autre. « Rien de ce qui est humain ne m'est étranger. » C'est le cas pour tous, qu'on le sache ou non, car cela se déroule à un niveau antérieur au savoir. De même, puisque les univers sont affectifs ou individuels, ils sont assez semblables les uns aux autres. Dans tous les cas, c'est par l'intérieur que se fait la communion

---

40. Tous ces aspects sont développés dans le livre de Uexküll, *op. cit.*

ou la communication, quand on sent ce que l'autre
sent, quand on est ce qu'il est, à savoir rapport à soi,
auto-affection indépendamment du contenu. On peut
se mettre dans la peau de l'autre dans l'exacte mesure
où l'on est dans sa propre peau. Plus on s'enfonce
profondément en soi-même, plus on communie avec
l'autre. Car ce ne sont que les apparences, les sur-
faces, les images et les masques qui nous séparent.

Il en découle immédiatement l'affect de compassion. Nous sommes tous frères et sœurs en la vie. Ce
que l'autre sent est aussi ce que je sens. Même le fait
de porter un masque qui nous cache et nous distingue
est propre à tous. Même le sentiment d'être séparé
nous est commun. Les fibres profondes, sans images,
sont absolument les mêmes. Entrer en contact profondément avec soi-même est par le fait même entrer
en contact avec l'autre, avec l'humanité. Il en ressort
un affect de joie et de légèreté, comme cela se produit
quand les masques tombent, que les couches superficielles s'effritent et qu'on s'enfonce profondément
dans la réalité telle qu'elle est. La réalité est libératrice par rapport à tous les masques. Elle est plus
riche que tous les idéaux. Le contact avec la réalité
est amour ou compassion, à savoir pure énergie quand
celle-ci n'est pas stérilement usée ou dilapidée par la
friction, mais peut couler librement. Le masque,
l'idéal, le faux problème, l'ambition, le statut, la
valeur sociale, etc., sont autant de barrages dans
l'écoulement du flux. Ce contact avec l'autre est
purement affectif. Tel est l'amour. Il n'est pas nécessaire de parler, de dire « je t'aime », de s'expliquer, de
pardonner, de discuter, mais il suffit de sentir, de
toucher, et éventuellement, de faire sentir, de créer la
communion ou la participation. L'amour s'exprime le
mieux dans l'étreinte silencieuse des corps. L'amour

n'a pas besoin d'explication, il est l'affect à sa plus haute puissance, l'affect nu, quand l'individualité s'enfonce profondément en elle-même, en deçà des objets et du monde, quand ceux-ci sont complètement colorés de la lumière de l'affect, quand le monde est profondément individuel, et que tout, dès lors, est traversé par une seule vie, brûlante, éternelle.

Ce rapport profondément affectif qui nous relie aux autres est toujours là. S'il ne s'exprime pas c'est qu'il n'a pas besoin de s'exprimer, et que toute expression est inadéquate. Il ne s'exprime proprement qu'en lui-même, qu'en son propre sentir. C'est ce rapport qui nous rend intérieurement proches des autres, qui établit d'emblée le contact invisible au-delà de tous les obstacles visibles. L'amour, l'affection, la sympathie sont contact direct et immédiat, contact préalable ou apriorique par-delà toute division ou séparation. Toute division ou séparation suppose un tel contact et n'est rendue possible que grâce à lui. C'est parce que nous nous aimons malgré nous, par la force de la vie qui coule dans nos veines, que nous pouvons même nous heurter, nous blesser. C'est parce que nous sommes métaphysiquement, viscéralement amis que nous pouvons être ennemis. C'est parce que nous sommes tous fils de Dieu ou de la Vie que nous pouvons être étrangers les uns aux autres. Mais la distance, l'inimitié est toujours superficielle, dépendant de facteurs extérieurs, reliés à des questions de masques et de représentations, alors qu'à la base, au fond, avant toute conscience et toute réflexion, avant toute raison, nous sommes ensemble, secrètement amis et complices, alliés parce que participant d'un même destin que personne n'a choisi, le grand destin de la vie avec tout ce qu'il implique.

L'amour, la sympathie ou l'amitié sont une lumière intérieure qui fait concurrence à la lumière du soleil ou de la visibilité. C'est une lumière invisible, une sombre lumière, comme dit Jean de la Croix. Cette lumière invisible est nécessaire à toute vie intérieure, comme est nécessaire à l'extérieur la lumière du soleil.

Les arbres, les plantes sont tendus vers la lumière du soleil. L'arbre tend ses multiples bras ouverts vers le ciel et la lumière. Plantes et arbres aussi, en tant que vivants, sont désir. Mais ils sont aussi tendus invisiblement en eux-mêmes, là où le désir s'éprouve ou se sent lui-même, tendus vers leur propre lumière intérieure, la lumière sombre qu'ils sont pour eux-mêmes en tant que vivants. Une lumière qui s'éclaire de l'intérieur, comme la vérité, selon Spinoza, est à elle-même sa propre norme. La vérité est la vie. Elle n'a pas de norme transcendante, mais elle est immanente à elle-même, elle est son propre critère. La vérité est l'épreuve que la vie fait de soi. Elle n'est pas une formule, mais le mouvement vivant lui-même. Une fois dit que ce mouvement vivant habite un monde selon l'équation individu = univers. Si bien que la vérité de la vie est indistinctement celle du monde.

La compassion s'adresse à tout ce qui souffre, c'est-à-dire à tout ce qui vit. Tout ce qui souffre et tout ce qui jouit. D'ailleurs, là aussi, à un niveau profond, jouissance et souffrance se rejoignent comme pure intensité, passent de l'une à l'autre sans solution de continuité, comme elles ne cessent de le faire au cours de la vie ordinaire. L'extrême souffrance de soi dénude l'être, le débarrasse de toutes ses superfluités, l'épure et le rend apte à la jouissance de soi comme auto-affection, au-delà de tous les objets. La souffrance rend la vie semblable à une pure ligne vibrante. La compassion s'étend au-delà des humains, touche les animaux, les plantes et les pierres. On se sent frères des oiseaux, de l'herbe, soi-même on est de la mauvaise herbe, celle qui prolifère follement ; on éprouve de la compassion pour les montagnes et leur terrible solitude, pour ce qu'elles ne cessent d'endurer à travers la durée. La compassion est le lien secret, profond entre tous les êtres. C'est l'affect par où ils communiquent de l'intérieur, secrètement complices et amoureux les uns des autres.

La vie est amoureuse de la terre, amoureuse de l'air et du ciel, amoureuse de l'eau et du feu. La vie est amoureuse de tout ce qui l'engendre, de tout ce qui est, d'une façon ou d'une autre, lui aussi, vivant. La vie est amoureuse du ciel étoilé, du lac limpide, de la forêt impénétrable, des animaux sauvages, elle est amoureuse de l'enfance, de la jeunesse, de la maturité, de la vieillesse et aussi de la mort, dans la mesure où il n'y a de mort que pour la vie. Elle est amoureuse du passé, du présent et du futur. Amoureuse de ses propres imaginations et fantasmes qui ont pour but de l'intensifier, d'intensifier la sensation et l'émotion. Amoureuse de ses propres rêves et réalités. La vie en son caractère illimité et excessif est même amoureuse de ce qui la tue, de ce qui l'écrase, la fait souffrir. C'est qu'enfer et paradis, jouissance et souffrance ne sont souvent séparés que par une mince ligne idéale aussitôt franchie que tracée. La vie est amoureuse de ce qui la conteste, la remet en question, la force dans ses derniers retranchements, car par ce moyen elle doit s'intensifier, devenir plus vivante et vibrante. La vie cherche les défis, et parmi ceux-ci il y a toujours un risque de mort, non pas par désir suicidaire, mais par désir intrinsèque de se dépasser elle-même, de devenir toujours plus vivante, plus elle-même, plus puissante, d'une puissance calme et sereine, qui est celle de s'éprouver soi-même, de demeurer silencieusement en soi, de contempler gratuitement et inutilement. La vie est amoureuse d'elle-même. C'est sans doute ce qu'on veut dire dans la philosophie classique quand on dit que Dieu s'aime lui-même et que tout amour d'un individu pour Dieu s'inscrit dans l'amour de Dieu pour lui-même. La vie s'éprouve elle-même, jouit d'elle-même. D'ailleurs, qu'est-ce que la joie sinon la jouissance par la vie de sa propre force ?

Dans la vie, il n'y a que l'intensité, la force des rapports qui importe. Cette force n'est pas nécessairement hystérique, elle peut être tranquille. C'est ce désir d'intensité qui est responsable de tous les risques que prend la vie, de tous les dangers qu'elle court. Une fois de plus, il n'y a là-dedans aucun désir suicidaire, la mort n'est convoquée et affrontée qu'au nom de la vie, parce que la vie doit s'y mesurer pour atteindre sa plus grande puissance ou vitalité. Comme le soi-disant bien, à savoir ce qui augmente la force de vie, ce qui procure la joie, doit aussi se mesurer au mal, ce qui remet en question cette logique, car la vie n'a pas de logique, ne cessant d'en inventer de nouvelles, illogiques ou paradoxales. La vie est attirée par l'excès, à savoir par sa propre infinité. Elle n'accepte aucun cadre, aucune finitude, aucune objectivation. Elle aspire à couler, à couler infiniment, à travers tous les obstacles qu'elle dépose elle-même comme créatures en son parcours. « "J'aime tout ce qui coule", dit le grand Milton aveugle de notre temps [...] j'aime tout ce qui coule : les fleuves, les égouts, la lave, le sperme, le sang, la bile, les mots, les phrases. J'aime le liquide amniotique quand la poche des eaux se crève [...] j'aime l'urine qui jaillit brûlante [...] j'aime les grands fleuves comme l'Amazone et l'Orinoco [...] j'aime tout ce qui coule, même le flux menstruel qui emporte les œufs non fécondés [...] la salive qui s'écoule dans le ruisseau de la rue, le lait du sein et le miel amer qui coule de la matrice, tout ce qui est fluide, tout ce qui se fond, tout ce qui est dissous et dissolvant, tout le pus et la saleté qui en coulant se purifient[41]. »

La vie est tout ce que je vois, tout ce que je ressens. Ou plutôt «ce» que je vois, «ce» que je ressens participe au voir et au sentir qui est vie, sensibilité, affect, pathos. C'est-à-dire que ce voir et ce sentir est intérieur à lui-même, se rapporte immédiatement à soi, se «voit» et se «sent» lui-même. L'univers, le passé participent de cette sensibilité toujours à l'œuvre en un individu ou en un autre. Une telle sensibilité, quand elle cherche à s'extérioriser, ne trouve pas ses mots, ou ne trouve pas ses formes, ne trouve pas ses images. Elle tâtonne, bégaie, balbutie. La parole poétique peut s'approcher de la source vive. Mais c'est au sens où la parole poétique doit habiter toute expression, la peinture, la sculpture, l'architecture, la philosophie, la science.

Exprimer l'universelle compassion, c'est tenter de faire crier la langue, de faire sortir d'elle la souffrance à l'état pur. Compatir, c'est se mettre dans la peau d'un autre, souffrir avec lui, souffrir en lui, sentir ce qu'il ressent. Et l'exprimer ou l'expression doit participer de cette communion. À savoir participer à ce cœur qui bat, à ce sang qui coule, à ces neurones qui bougent ou demeurent immobiles, à ce sentir qui

---

41. Henry Miller, *Tropique du Cancer*, traduit par Paul Rivert, Paris, Denoël, 1945, p. 285-286.

s'éprouve lui-même. C'est cela aimer ou compatir, par-delà toutes les différences, toutes les oppositions. Au bout de la vie, il n'y a rien d'autre que la compassion ou l'amour. Cet affect central est le seul sens intrinsèque de vivre. Compassion pour tout ce qui souffre et qui s'est révélé le plus intensément vivant. Regardons du côté des grands créateurs : Hölderlin, Nietzsche, Rembrandt, Woolf, Van Gogh, McCullers, Kafka, Artaud, Emily Brontë, etc. Tous des gens qui ont profondément souffert, s'il est vrai que l'intensité de vie se mesure à l'intensité indistincte du souffrir et du jouir, de la souffrance et de la joie. Comme dit profondément Artaud, il faut savoir au sujet de toute grande œuvre « de quel souterrain massacre son éclosion est le prix[42] ». Ceux qui ont monté le plus haut sont aussi ceux qui sont descendus le plus bas. En fait, nous ne voulons même pas parler des grands artistes ou des grands créateurs, car une fois de plus, ceux-ci participent de l'extériorité ou de la visibilité, de par les œuvres qu'ils ont produites et qui s'inscrivent dans un espace culturel, où la vision, sensible et intelligible, est reine. Nous avons plutôt en tête, ici, tous les inconnus, les anonymes de l'histoire, les laissés-pour-compte, ceux qui ne se sont pas manifestés, en cela plus proches de la vie invisible, elle aussi laissée pour compte, refoulée, délaissée, non connue et non reconnue. Les plus grands vivants, les plus dignes d'admiration sont précisément les inconnus, ceux qui ne se sont pas manifestés ni exprimés, ceux qui ne font qu'un avec la vie invisible qui, elle aussi, ne peut pas s'exprimer, ou ne peut s'exprimer que dans des objets plus ou moins extérieurs à elle. Les

42. Antonin Artaud, *Fragments d'un journal d'enfer*, dans *Œuvres complètes*, *I*, Paris, Gallimard, 1970, p. 143.

véritables héros, objets ou sujets d'amour et de compassion, sont les anonymes, les impersonnels et singuliers de l'histoire, ceux qui n'ont rien accompli en particulier, qui ne se sont pas réalisés, qui n'ont même pas le privilège, comme les artistes selon Beckett, d'« échouer comme nul autre n'ose échouer[43] », qui ont « échoué » d'une manière ordinaire, comme monsieur ou madame Tout-le-monde, mais qui en tant que pure vie, se trouvent au-delà de la réussite et de l'échec qui n'ont de sens que d'un point de vue (extérieur ou social, donc plus ou moins mort, plus ou moins loin de la source vive ou immédiate de vie), qui n'ont pas laissé de trace, les oubliés, comme la vie en son fond est nécessairement oubliée, laissée de côté, hypnotisés que nous sommes tous par les objets, les images, les produits ou les retombées plus ou moins morts de cette vie. Les derniers sont en fait les premiers, les pauvres sont les riches. Le christianisme a du moins raison en ce sens : les humbles, les pauvres, les derniers, les souffrants sont plus près de la vie que ceux qui se complaisent dans une image, un statut, un plaisir, une richesse qui ne leur appartiennent pas, qui ne leur ont été que prêtés. Le pauvre, le désespéré, le souffrant, le nu, l'affamé est le plus près de la vie comme pur sentir, la vie réduite à l'essentiel ou à elle-même. Ou encore, le plus vivant est celui qui n'a pas d'illusions, ou qui en a le moins, qui voit les choses telles qu'elles sont. C'est l'individu ordinaire qui est jeté dans la vie et qui doit se débrouiller avec les moyens du bord, qui doit passer à travers parce qu'il n'a pas le choix, et même s'il décide de mettre fin à l'aventure, il s'agit encore d'aventure, de la plus

---

43. Samuel Beckett, *Bram Van Velde*, Paris, Le Musée de Poche, 1958, p. 14.

extraordinaire, encore d'héroïsme. L'individu ordinaire, même dans la vie la plus banale, précisément parce qu'elle est la plus banale, est un héros. Un héros qui a une vie héroïque est déjà justifié, encensé. Mais l'individu banal, qui passe inaperçu, dans un monde où la célébrité a tellement d'importance, a forcément une existence plus héroïque. Héroïque que de passer inaperçu dans un monde où on n'en a que pour les premiers, les excellents, les gagnants, les ambitieux. L'individu ordinaire, souvent pauvre, a peu de compensations ou peu d'occasions de s'illusionner et de se dorer la pilule. Sa vie étant plus brute, son contact avec la terre et la poussière est plus brutal. Quoi qu'elle fasse, quoi qu'elle entreprenne, même dans ses lâchetés et ses ignominies, la « personne » humaine dépasse tous les personnages de roman. Car d'abord ceux-ci sont inventés par des personnes humaines, et ne sont donc que des parties, des morceaux de celles-ci. Et une « personne humaine », telle est une façon de nommer la vie en autant que l'humanité est concernée. Une personne humaine n'est pas que ce qui crée, mais ce qui dort, souffre, hésite, piétine. On met en avant l'artiste ou l'écrivain. Mais la personne vivante déborde l'artiste ou l'écrivain. Cette mise en avant de l'artiste, ou plutôt de l'œuvre, participe de la prédominance de l'objet ou de la représentation, de l'image, sur la vie qui lui a donné naissance.

Il y a en nous un désir d'accomplir, un effort pour être quelqu'un, être quelque chose. Cela prend beaucoup d'énergie pour se tenir debout, pour se comporter, pour performer, être un homme. Mais au-delà ou en deçà de ce désir d'accomplir, de faire, de réaliser, au-delà ou en deçà de cet effort pour exister, au-delà ou en deçà de l'effort de la pensée, de sa machinerie ou de son agitation, il y a une vie impersonnelle et singulière, sans image et sans ambition, qui n'a rien à faire et rien à prouver, car elle n'est elle-même rien d'autre qu'une simple vie sans origine et sans but, un pur acte de vivre sans signification, elle est une force qui est une vulnérabilité, qui n'a rien à perdre, à protéger, à faire, à prouver, une vulnérabilité comme complète ouverture qui ne fait qu'un avec la force. La force prend naissance dans cette vulnérabilité. La force n'est pas celle de quelqu'un, mais de personne. C'est le pauvre, le raté, le clochard, le simple, l'humble qui est fort, en tant même qu'il est entièrement vulnérable. Que d'effort pour performer, maintenir l'image à bout de bras, porter le masque d'un statut ! Derrière il n'y a qu'une vie à la fois forte et vulnérable, dont la force s'alimente directement à la vulnérabilité, au fait qu'elle ne se protège pas, qu'elle est ouverte. C'est comme lorsqu'on se lève le matin. Il n'y a qu'une vie. Tous les masques sont tombés pendant le sommeil. Le corps est hypersensible, l'esprit sans illusion, nous sommes entre la vie et la mort, nous ne sommes personne, renom, richesse, savoir, tout cela s'est décollé de notre peau. Celle-ci est nue, sans fard. Il n'y a que ce qui est senti physiquement et psychiquement. Personne ne peut rien pour ou contre nous. Religions et philosophies, avec leurs explications et leurs consolations, nous ont laissés tomber, comme c'est le cas dans toutes les situations limites, par exemple dans la souffrance ou devant la mort, aux moments où nous en aurions pourtant tellement besoin (mais justement, religions et philosophies nous aident aux moments où nous n'en avons pas besoin). Tout ce qu'il y a, c'est un affect confus, une grande vulnérabilité qui est une ouverture et qui permet de sentir profondément. Ce n'est pas quand l'individu est sûr de lui, installé dans son autosatisfaction, portant haut le masque, qu'il est fort. Il est alors fort, mais comme une carapace, un bouclier. Cette force est superficielle. Seul ce qui se trouve derrière le masque, dans la vie vulnérable, possède une véritable force indistincte de la fragilité. C'est d'ailleurs cela qui nous intéresse chez quelqu'un, la vie derrière le masque, là où se trouve l'individu ordinaire que nous sommes tous, là où nous sommes tous frères et sœurs. L'individu ordinaire qui persévère dans l'existence (Spinoza), qui vit et survit envers et contre tout, à savoir tout ce qui décourage de vivre, tous les obstacles, toutes les forces mortifères, tellement proliférantes à notre époque. C'est quand l'individu s'effondre, qu'il montre sa plus grande force. Ce n'est pas quand il se montre sûr de lui. Car alors, il ne porte qu'un masque, il est d'autant plus fragile que le masque donne l'apparence de la prétention et de la présomption.

L'homme cherche des états où il se sent fort, bien, sûr de lui, joyeux. Mais ce sont dans les états de faiblesse, de fragilité, de souffrance qu'il apprend et qu'il crée les conditions de la joie. La logique paradoxale de la vie surprend, dépasse l'homme. On peut dire aussi que cela fait partie du caractère tragique de la vie, qu'elle trompe ou dépasse ainsi nos attentes, qu'elle déjoue nos plans et nos prévisions, que la souffrance, la vulnérabilité, l'incertitude soient bénéfiques, que l'épreuve renforce. L'homme triomphant s'illusionne sur lui-même. L'homme souffrant de même. Bien que celui-ci soit plus proche de la force authentique, à savoir de la vie nue sans image et sans masque ne faisant qu'un avec l'affect. L'affect de souffrance, en effet, épure plus puissamment, va plus directement à l'essentiel, à savoir la vie à l'état nu ou à l'état brut, se complaît moins en des illusions ou des masques, la souffrance ayant au contraire pour effet de détruire ceux-ci.

La souffrance, ou la douleur, est un affect plus entier que le plaisir. Il est rare qu'un plaisir, ou même qu'une joie, nous prenne tout entier, sauf dans des cas limites, comme l'orgasme ou l'extase. En règle générale, le plaisir est fuyant et partiel. La souffrance accapare davantage que le plaisir. On a beau chercher à la fuir, elle ne fait pas de doute, elle est bien là, ayant le pouvoir de saisir le moi, la conscience plus fortement ou plus puissamment que le plaisir ordinaire qui a toujours quelque chose de folâtre et d'un peu superficiel. En ce sens également, la souffrance a quelque chose de plus authentique, l'affect en quoi elle consiste est plus franc, tout d'une pièce, son rapport à la vie est donc plus direct, puisque la vie est précisément affect.

La souffrance est passion, elle nous ouvre, nous épure à la condition de ne pas nous tuer : «Ce qui ne me tue pas me renforce.» Cette passion qu'est la souffrance, en nous ouvrant, devient compassion. Elle nous met de plain-pied avec le reste de la vie. Dans la souffrance, nous sommes tous frères et sœurs. Le plaisir, lui, est égoïste, peut facilement nous insensibiliser, est trop souvent pris comme allant de soi. L'individu risque de s'attribuer les plaisirs qu'il ressent et d'en tirer une vanité qui endurcit le masque. Il doit payer son tribut aux valeurs sociales et risque d'y perdre son âme, la part individuelle ou cachée de celle-ci risquant d'être trop fortement écrasée ou refoulée sous la part collective faite de stéréotypes ou de clichés, en tout cas de catégories, d'images qui ne peuvent jamais correspondre à la réalité telle qu'elle est. L'individu court le risque de la superficialité, d'ailleurs il ne peut couper avec celle-ci qu'en coupant également avec la visibilité, qu'en s'enracinant profondément dans la solitude, seule voie d'accès à une réalité par-delà les apparences et les clichés. La souffrance remet tout en question, elle nous aiguise, nous force à être profonds.

Elle ne nous laisse aucun doute. Nous sommes habités par quelque chose de plus fort que nous, que nous subissons. Ce quelque chose est l'affect. Quand les choses vont bien, nous avons tendance à nous élever au-dessus de la vie, à penser que nous la contrôlons ou la dominons. La souffrance nous ramène brutalement sur terre. Elle est une terrible force d'immanence, capable de nous indiquer que la joie aussi, de même que le plaisir, nous sont donnés bien plus que nous les produisons, qu'eux aussi sont des affects qui nous envahissent de l'intérieur comme le noyau de vie qui nous habite et autour duquel, tels des électrons, le moi et la conscience tournent. Alors que l'esprit aurait tendance à s'élever au-dessus du corps, la souffrance est une force d'anti-idéalisme qui nous plonge profondément en notre corps, qui indique comme une évidence sentie ou un affect l'indistinction du corps et de l'esprit.

Chapitre VIII

La matière de l'écriture n'est pas lointaine, n'est pas au-delà, mais est la plus proche, la plus intime, avant même toute délimitation d'un sujet et d'un objet. Si on n'est pas déjoué dans la vie et dans l'écriture, c'est qu'on en reste trop à la surface, qu'on tente de diriger, qu'on a trop d'idées toutes faites, qu'on n'est pas suffisamment à l'écoute. Si c'est trop logique, ce n'est pas la vie. Pour que ce soit la vie, la logique doit être illogique, multiple, paradoxale, subtile, inventive, nouvelle. C'est la vie nue, surprenante, imprévisible, changeante qui seule importe, celle qui déjoue nos attentes. C'est d'elle que l'écriture est le signe. Constamment, l'écriture doit se taire, s'abandonner pour rebondir de plus belle du fond du sentir de la vie, comme poussée par celle-ci. Abandonner l'écriture est une manière de mourir au sein de la vie, comme on meurt réellement, sans regret, sans arrière-pensée. Car mourir est une force de rajeunissement et de renouvellement. C'est une manière d'avoir à nouveau l'esprit neuf, vacant, léger. C'est uniquement de ce fond que l'écriture pourra de nouveau surgir. Comme la fiancée de Kafka, elle nous sera redonnée avec d'autant plus de joie qu'on aura su y renoncer avec plus de profondeur. En fait, il ne s'agit pas de « savoir » renoncer, ou de vouloir, car le véritable renoncement ou abandon, comme mourir, est plus fort que nous, arrive tel un don ou une grâce. Le chercher, c'est ne pas le trouver. Il doit se faire tout naturellement, comme on dort la nuit ou comme on oublie. L'abandon est comme la joie, ou encore comme l'humilité : il est ou il n'est pas. Vouloir s'abandonner, chercher à être humble, ou s'efforcer d'être joyeux est le signe qu'il n'y a ni abandon ni humilité ni joie. Abandonner l'écriture est nécessaire pour se mettre au diapason de la vie, celle-ci ne procédant que dans l'oubli d'elle-même, inconnue, impensable, immémoriale.

L'écriture doit sourdre directement de l'émotion ou de l'affect multiple, imprévisible, nouveau, à savoir de la vie sous toutes ses facettes, autant les terribles que les merveilleuses, les joyeuses que les douloureuses. C'est ce à quoi nous avons toujours rêvé, une écriture qui exprime directement la vie telle qu'elle est, qui fasse sauter les carcans de l'hypocrisie, des innombrables clichés. La vie telle qu'elle est non pas à des moments privilégiés, mais au fil de la quotidienneté, dans son éternel présent. Car la vie n'est pas une analyse ou une synthèse, elle est un déroulement, un processus, un devenir, un mouvement ou un changement continuel. Mais même exprimer la vie telle qu'elle est n'est pas la vie elle-même. Forcément, on en fait une analyse ou une synthèse, une description. Il est impossible de *voir* la vie telle qu'elle est, car toute vision crée une distance et se rapporte à une représentation. Il y faut un contact infiniment plus intense, plus passionné, plus amoureux, un contact qui brûle la question faute de la résoudre, ou qui la résout en la dissolvant. Du moins fait-on dans l'écriture un effort surhumain pour s'en approcher. Joyce, par exemple, en recourant au monologue intérieur, tente de rendre le mouvement même de la pensée et des affects. Il essaie d'exprimer la vie à l'état brut, dans ses grandeurs et ses petitesses, ses gloires et ses ennuis. Dostoïevski tente d'élever à la lumière du jour les motivations les plus secrètes, les plus enfouies parce que souvent «mesquines» (selon le dire de Cioran) des actes des hommes. Soit dit en passant, la mesquinerie dont il est ici question n'est pas un prétexte à condamner l'homme. L'homme serait en effet condamnable s'il pouvait agir ou être autrement, s'il était responsable de cette «mesquinerie». Mais celle-ci est plus forte que lui. Il a été fait ainsi, il s'est reçu tel quel. Cette mesquinerie tient au fait que l'homme ne sait pas vivre, au sens où il est impossible pour lui de «savoir» vivre. Il ne peut pas se laisser aller dans l'existence comme l'animal, qui «sait» physiquement, chimiquement, biologiquement, instinctivement comment vivre. L'homme doit apprendre à partir de tout un conditionnement qui le fait tel qu'il est. Il se débrouille avec les moyens du bord, toujours incertain et tâtonnant. Il fait des efforts, et ne cesse même jamais d'en faire. Il n'est pas de plain-pied, il n'est pas adapté, il est plutôt à côté, troué en son cœur par sa mortalité. Il est dépassé par ce qui arrive, aussi bien dire par lui-même tel qu'il est.

Ce dont il est question ici, c'est de voir l'homme tel qu'il est, par-delà bien et mal, par-delà tout idéal, sans condamnation et sans justification. Les romanciers ont souvent cet avantage sur les philosophes : voir l'être humain tel qu'il est dans toute sa complexité et subtilité, ou dans sa simplicité amorale. Alors que trop de philosophes se complaisent dans l'être humain idéal, tel qu'il devrait être, l'être humain soi-disant rationnel ou raisonnable, l'être humain superficiel, l'être humain cliché. Mais l'être humain idéal est infiniment moins riche que l'être humain réel, il n'est même qu'une partie, qu'un fantasme de celui-ci. L'être humain tel qu'il est est un monstre incompréhensible, pour parler comme Pascal. Il est tellement subtil, tellement complexe, déjouant a priori toute logique et toute morale, toute rationalité et toute science. Celles-ci n'en demeurent qu'à une image, qu'à un fragment. Mais il n'y a pas de limite aux fragments dont l'homme se compose, le pire côtoyant le meilleur, la tendresse la colère, l'amour la haine. Haut et bas, bien et mal, comme la ramure et les racines de l'arbre, ne constituent qu'un seul mouvement ininterrompu. L'homme ultimement est innommable ou indescriptible, ou toute description et tout nom, qui tentent de désigner la nature de l'homme, ne sont pas celle-ci. Celle-ci ne cesse d'échapper, de dépasser, de se dérober, de déborder. Si l'on reprend l'exemple de Dostoïevski, le sublime ne cesse de côtoyer le mesquin, le saint l'infâme, la plus « haute » spiritualité la plus « basse » sexualité, l'homme ne cessant de s'échapper à lui-même en une logique paradoxale par-delà bien et mal. L'homme s'habite à chaque instant, et chaque instant est un don souvent imprévu qui dépasse celui qui le reçoit et le ressent. L'homme est aux prises avec des affects qui le constituent, mais qui ne viennent pas de lui, qu'il éprouve, mais qu'il ne contrôle ni ne maîtrise. Et ces affects sont changeants, nobles et ignobles, bons et mauvais. Hitler lui-même, tout monstrueux, paranoïaque et sadique qu'il fût, devait avoir ses côtés tendres. Même le monstre moderne, le *serial killer*, ne ressemble-t-il

pas à «un gars ordinaire», conjuguant sentimenta-
lisme et sauvagerie[44]? C'est l'étonnement face à
l'homme, l'étonnement face à soi-même qui est à la
racine de plusieurs entreprises d'écriture. Pour tenter
d'y voir clair, pour tenter de dire les choses telles
qu'elles sont, et, par cette élévation à l'art, d'opérer en
elles une subtile transmutation. L'écrivain tente de
trouver une logique dans le chaos de la vie, il pense
parfois trouver une partie de cette logique (comme le
savaient déjà les Grecs, tout excès ou «injustice» doit
être compensé), mais cette logique est elle-même
trop exubérante, trop excessive pour être proprement
contenue, si bien que toute logique de la vie prolifère
en inventant d'autres logiques, imprévues, imprévisibles. C'est d'ailleurs de la sorte que procède l'écrivain. L'écriture elle-même lui arrivera comme une
surprise, une grâce ou un don. Il faut beaucoup de
préparation dans le silence et la solitude pour une parole qui s'adresse à tous et à personne, pour reprendre
le sous-titre d'*Ainsi parlait Zarathoustra*. Il faut tout
un séjour en enfer et surtout au purgatoire pour une
montée soudaine au paradis. Il faut beaucoup de
tâtonnement, de bégaiement, de balbutiement pour
une phrase qui fasse battre les tympans. Il faut beaucoup de sobriété pour une envolée d'ivresse. Beaucoup de lucidité et de sincérité, beaucoup d'observation
et d'attention pour un morceau de vérité incertaine
d'elle-même.

Regardons rapidement d'autres écrivains. Miller
essaie de faire sortir la puissante énergie sexuelle

---

44. Gerard J. Schaefer, *Journal d'un tueur*, traduit par
Stephen Skill, Paris, Jacques Bertoin, coll. «Pocket», 1992, p. 212.
Stéphane Bourgoin, *Serial Killers*, Paris, Le Livre de Poche,
1993, p. 224.

recouverte par les tabous. Cette énergie sexuelle brute pulvérise tous les clichés et les faussetés. Elle permet une libération, non seulement sexuelle, mais de la spiritualité elle-même et de la capacité de créer. Sade fait exploser la puissance du pervers derrière toute normalité. Il pointe du doigt le monstre que chacun est derrière son masque de respectabilité. Beckett met en évidence le raté, le clochard, l'idiot comme vie primaire derrière les masques du civilisé. Il y a le cri sous toute parole, et sous tout cri il y a le silence. La phrase qui résume le mieux son entreprise : «L'obscurité que je m'étais toujours acharné à refouler est en réalité mon meilleur[45].» Musil, dans un autre registre, montre l'homme sans qualités ou sans particularités que chacun est au fond de lui-même. À savoir, chacun est Personne, comme Ulysse, monsieur et madame Tout-le-monde. Rien ne distingue le «héros», et c'est précisément en cela qu'il est tel. L'homme, tel qu'il est, est un héros. Parce qu'il a, au cours de la vie la plus simple, à affronter les épreuves les plus terribles, la souffrance, le deuil et sa propre mort, la simple difficulté de vivre, de gagner sa vie, les innombrables questions sur le sens de la vie, sur le pourquoi et le comment de ce qui est. Pourquoi l'univers, pourquoi les étoiles, qu'est-ce que tout cela dans lequel je me trouve, qu'est-ce que Dieu, pourquoi parle-t-on de Dieu, comment l'homme peut-il de la sorte faire tourner ses questions et préoccupations autour d'une notion aussi vague et imprécise ? L'homme est un héros parce qu'il est placé dans les situations les plus difficiles à son corps défendant. Combien ses joies lui coûtent de souffrances ! Lowry montre l'enfer au fond de l'âme humaine. L'alcool est à la fois médi-

---

45. Samuel Beckett, *La dernière bande*, Paris, Minuit, 1959, p. 23.

cament et poison. Mais n'est-ce pas le cas de presque toute chose : à la fois bonne et mauvaise, selon le dosage, le point de vue, le moment et le lieu ? Ce qui fait créer stérilise. Ce qui exalte déprime. Ce qui fait vivre tue. Et inversement. C'est sur le chemin précisément de l'enfer que le paradis est goûté pour la première et dernière fois. Artaud crie à partir de la douleur qui le tord. Il ne vit que de côtoyer tous les excès, le théâtre de la cruauté, le cinéma expressionniste, la drogue comme viatique, la folie. Kafka met en scène l'inadapté foncier que chacun est en regard des conditions et des valeurs communes, extérieures ou sociales. Lui aussi met en scène le raté, d'où sa profonde parenté avec Beckett. Mais dans l'un et l'autre cas, l'échec est mis en scène afin qu'il se transmute par le fait même en réussite. Le héros de Kafka est tout sauf un résigné. Il s'agit, en dépit de tous les obstacles qui finiront sans doute par avoir raison de nous, de lutter, de persévérer. Le K. de ses romans, même s'il doit échouer, est un lutteur, un combattant, un résistant, un dissident, un contestataire, un marginal, un *outsider*. Melville met en scène l'idéaliste (au sens de D. H. Lawrence[46]), celui qui a des exigences que la vie telle qu'elle est ne peut pas satisfaire. Mais ces exigences font aussi partie de la vie telle qu'elle est. Il y a aussi une parenté entre Melville, Beckett et Kafka, par l'entremise de *Bartleby*. Nous revenons à Dostoïevski. Bartleby est l'Idiot. En d'autres mots le Christ, l'homme simple, délaissé et ignoré, laissé pour compte, torturé et tué, et qui représente en lui une force très simple et très

---

46. D. H. Lawrence, « Hermann Melville, ou l'impossible retour », dans *Études sur la littérature classique américaine*, traduit par Thérèse Aubray, Paris, Seuil, 1948.

pure de vie. Qui est le secret de la sagesse. Qui est, dans sa simplicité, sa nudité et sa factualité, le sens et le but de la vie. À savoir la tranquillité, le calme et le repos en lequel pour l'homme consiste le seul salut. Miron chante de sa voix aride, rugueuse l'aliéné, le sans-pays et le sans-langue, le pauvre, en plus d'un sens du terme, celui qui n'arrive à parler que de sa parole suffoquée, celui qui souffre profondément en son corps et son esprit de toute la froideur et laideur de l'environnement nord-américain. Il a la distance suffisante pour souffrir, et ne pas prendre comme allant de soi ce qui se présente. Brault également a des affinités avec Beckett. Lui aussi, avec beaucoup de raffinement, pointe du doigt le clochard, fût-il philosophe ou poète, errant à travers les poubelles de l'histoire, tirant son inspiration de ce qui l'étouffe. La souffrance palpite et le sang coule comme un chant.

C'est le cas de tout grand écrivain, essayer de lever les digues, de faire tomber les masques, de forer des trous, d'effectuer des percées dans le langage et dans toutes sortes de carapaces afin de faire couler la vie à l'état pur, de la libérer des innombrables carcans dans lesquels elle s'est enfermée elle-même. Essayer d'être vrai, en dépit de l'impossibilité ultime de l'être, essayer de dire les choses telles qu'elles sont. Et il y a une multitude d'expressions de la vie. Celle-ci est inépuisable, d'autant plus qu'elle ne présente au jour qu'une traduction d'elle-même, une image ou une transposition, elle-même se gardant en elle seule, n'étant accessible à l'état pur qu'en elle-même. C'est d'elle que prend son élan toute création, c'est d'elle que toute création tire sa puissance. Pourquoi les personnages de roman peuvent-ils nous toucher plus fortement que les personnes réelles ? C'est que les personnages, en leur nudité, sont plus près de la source de vie que les personnes encombrées de leurs masques, de leur conscience, de leurs ambitions, de leur superficialité, de leur âme collective. N'ayant pas à vivre dans la quotidienneté et dans la complexité de la vie, ils sont de purs affects. Les personnes, de l'extérieur, et quand elles se voient elles-mêmes, sont encombrées de clichés. Dans leurs faits et gestes, dans leurs divertissements, dans leurs occupations et préoccupations, elles restent à la surface. C'est d'ailleurs pourquoi toute description dite réaliste de la soi-disant réalité n'offre qu'une apparence. La réalité, quant à elle, se cache. Ce que les personnes ne peuvent vivre dans leur vie, l'art s'en chargera, les personnages étant plus malléables, et plus facilement débarrassés de tout ce qui encombre les personnes. Mais bien sûr, ces personnages ne sont que des représentations du noyau de vie. Ils donnent vie et présence aux affects, mais eux-mêmes ne sont pas vivants, ne meurent pas, ne souffrent pas. Ils sont chargés de convoyer ce qui est trop fort pour la vie, ce qui est invivable dans la vie. Paradoxalement, le trop fort et l'invivable *de* la vie a besoin de l'art pour être pointé du doigt. Car dans la vie, il passe inaperçu et est laissé pour compte. Mais c'est toujours et uniquement *dans la vie* qu'est l'invivable ou le trop fort. La vie aura accès à elle-même, à son propre noyau par l'entremise de cette médiation fournie par l'art. Cependant celle-ci ne vaut qu'en tant que vivante, qu'en tant que les affects (vie, mort, souffrance) sont vie (chez l'auteur et chez le lecteur). Ces affects constituent la véritable vie ou individualité (en autant qu'en sentant ils se sentent eux-mêmes). La littérature, même si elle semble prendre la place de la vie, est en réalité à son service. Elle se charge de ce que la vie, laissée à elle-même, empêtrée dans ses soucis, néglige. Elle joue un rôle de suppléance en attendant peut-être qu'un jour la vie elle-même soit capable d'accomplir tout ce dont elle est capable. En attendant, l'art doit indiquer dans la vie ce que celle-ci ne peut pas vivre, là où celle-ci se dépasse elle-même. Conséquemment, la littérature fait en retour violence à la vie, la force à regarder en face ce qu'elle refoule dans la vie quotidienne. Comme le dit Kafka, elle « brise en nous la mer gelée[47] ». Elle nous atteint droit au cœur, droit au corps et droit à l'esprit, nous forçant à remettre en question les carapaces derrière lesquelles la vie se protège. L'invivable de la vie, tel que convoyé par l'art, sert à rendre la vie plus vivante, plus intense, plus capable de faire face à elle-même, plus accomplie en toutes ses puissances ou potentialités.

C'est ce que nous montre la littérature. Du point de vue des valeurs sociales qui définissent réussite et échec, c'est le raté, le laissé-pour-compte, l'humilié, l'exploité, l'idiot, le fou, la victime, le pauvre, le misérable, l'angoissé, le criminel..., qui *représente* la vie, c'est-à-dire qui pointe en direction d'une vie sans masques, là où elle se trouve, à l'intérieur d'elle-même, cachée et secrète, refoulée, inconsciente, instinctive, animale, primaire, primitive, en deçà de tous les masques de la culture et de la civilisation. En extériorité, du point de vue des valeurs sociales, du

---

47. « Si le livre que nous lisons ne nous réveille pas d'un coup de poing sur le crâne, à quoi bon le lire ? [...] Ce qu'il nous faut, ce sont des livres qui nous font l'effet d'une catastrophe très violente, comme la mort de quelqu'un que nous aimerions plus que nous-mêmes, comme si nous étions exilés, condamnés à vivre dans les forêts, loin de tous, comme un suicide, un livre doit être comme une hache qui brise en nous la mer gelée » (Lettre de Kafka à Oscar Pollak, citée dans Wagenbach, *Kafka*, traduit par Élisabeth Gaspar, Paris, Mercure de France, 1967, p. 109-110).

point de vue de toute vision, l'homme n'est qu'un masque. C'est à déchirer ce masque que s'emploie la littérature. Elle montre ce qui grouille derrière, par exemple, chez Nathalie Sarraute, les « mouvements subtils, à peine perceptibles, fugitifs, contradictoires, évanescents » sous le stéréotype, le cliché ou le lieu commun [48]. Il s'agit d'aller le plus profondément dans les plis et replis du psychisme, d'explorer les labyrinthes, de s'enfoncer dans l'abîme. Ce peut être l'amoral et l'immoral derrière le masque de la moralité convenue, la souffrance derrière l'apparence de la réussite, la monstruosité derrière le masque du visage, la grimace sous le sourire, la folie sous l'apparente santé, le chaos derrière l'ordre visible. Il s'agit d'empoigner la vie telle qu'elle est, dans toute sa complexité, dans toute sa subtilité évanescente, insaisissable, au-delà de toutes les catégories « humaines, trop humaines », au-delà de toute psychologie, par-delà bien et mal. Ce sera souvent le laid, le mauvais, le monstrueux, le malade, le fou, le douloureux, l'interdit, l'illégal que la littérature montrera, car c'est ce qui est précisément caché par le masque convenu de la collectivité ou de l'extériorité. Quant au beau, au bon, au sain, au sage, à l'agréable, au respecté, il jouit déjà de la plus grande publicité, car il est précisément ce qui se montre, ce qu'on aime voir au point d'en avoir la vision saturée. Il s'agira de pointer du doigt sans pouvoir la montrer, car cela en tant que vie ou réalité échappe à tout regard, toute la complexité

---

48. Nathalie Sarraute, *L'ère du soupçon*, Paris, Gallimard, coll. « Idées », 1956, p. 38. Nathalie Sarraute est, parmi les écrivains, celle qui est allée le plus loin pour désembourber l'homme de toute psychologie qui n'en offre précisément qu'une image « humaine, trop humaine ». En son fond obscur, la psyché se résout en mouvements impalpables « inhumains » ou « anhumains ».

et subtilité de la vie. Tout le chaos d'images, de pensées, d'affects qui constitue le flux vivant. Le mélange inextricable de noble et de mesquin, de bon et de mauvais, de beau et de laid, d'amour et de haine, etc., et même là ces notions sont grossières, ont quelque chose de complet et de figé, n'arrivent pas à rendre compte du changement continuel, du mouvement évanescent et perpétuellement inachevé, du véritable chaos de la vie. Bien et mal, bonheur et malheur, amour et haine, etc., sont des outils trop grossiers pour appréhender l'impalpable réalité. La littérature *montrera* ce qu'on ne voit pas et ne veut pas voir, amènera à la parole le non-dit, façon pour elle de s'approcher d'un invisible ou d'un indicible plus radical et mieux caché encore, absolument irréductible. La littérature montrera ce qu'on ne veut pas voir, et ce faisant nous indiquera ce qu'on *ne peut pas* voir.

C'est d'une manière subtile que l'écriture tentera de s'approcher de la vie. C'est la force de vie qui lui donne naissance. Elle tentera de montrer, dans un ton, un style, une manière, la puissance de vie qui lui donne naissance. Ce ne sera pas tellement dans son contenu, dans ce dont elle parle qu'elle parviendra à exprimer la vie telle qu'elle est, mais dans la force qui la propulse en avant, dans son surgir dans la mesure où l'écriture est à la base un acte vivant. Le style ou le ton sera précisément la marque de l'individualité ou de la singularité vivante, inexplicable en luimême comme est inexplicable toute vie. Style ou ton que l'on peut constater, analyser, mais non pas expliquer, comme on ne peut expliquer pourquoi existe telle ou telle individualité.

Quels que soient les efforts que l'on fasse, on ne peut parvenir à exprimer la vie telle qu'elle est. Car l'expression n'est qu'une partie de la vie, loin de pouvoir la recouvrir entièrement. La vie est toujours en avant de l'expression. L'expression est déjà passée, la vie est perpétuellement ailleurs. C'est vrai de la littérature, mais aussi de la science et de la philosophie. Comment comprendre l'esprit, ou le cerveau, si l'esprit ou le cerveau sont aussi *ce qui* comprend ? L'esprit ou le cerveau comme ce qui comprend restent irréductibles à l'esprit ou au cerveau qui sont compris. Comment de même comprendre la vie, puisque c'est la vie qui comprend ? Comment comprendre l'univers s'il est vrai que j'en fais partie, comment la partie pourrait-elle comprendre le tout ? Pour comprendre le monde, je devrais me comprendre moi-même, mais une fois de plus celui qui connaît déborde celui qui est connu. La vie dépasse toute connaissance, toute conscience, toute formulation ou conclusion. Dans ses plis et replis, dans ses innombrables facettes, dans son éternel présent, elle reste toujours vierge, inentamée, non dite, non vue, non connue, présidant de l'intérieur à toute parole, à toute vision, à toute connaissance. Nous pouvons dire « souffrance » ou « joie », mais ce qui a lieu dans la vie n'est pas vraiment exprimé par le mot, la souffrance réelle dans toute sa subtilité et complexité, la joie réelle dans sa légèreté et qui ne peut jamais être nommée en tant que telle, le passage incessant, illogique, incompréhensible de l'une à l'autre, le mélange inextricable de l'une et de l'autre.

Que de souffrance, que de douleur, que de frustration se trouvent au fond de tout être ! Que d'humiliation et d'amertume ! Que de blessures non cicatrisées, par-delà tout pardon et tout oubli ! Cela se sent au plan du monologue ou dialogue intérieur. Comme une roue qui tourne, comme une complainte stérile. C'est plus fort que soi. Comme des problèmes non résolus, et qui semblent ne l'être jamais, ne jamais pouvoir l'être, malgré tout l'espoir. Comme une blessure perpétuellement ouverte et qui ne sera refermée, cicatrisée qu'à la mort. Amertume et frustration, voilà ce que ressentent tellement fortement les personnages de Dostoïevski, au dire de Cioran le plus grand psychologue de tous les temps. Il est vrai que Dostoïevski est capable d'aller au fond de la psyché humaine telle qu'elle est, et non telle qu'elle devrait être. À l'encontre de tous les idéalismes, il a la force et le courage de voir et de nous montrer l'être humain tel qu'il est. Que de douleur, que de souffrance au fond de la psyché humaine, au point qu'il n'y a pas de limite ! À plusieurs égards, l'être humain est un abîme. Il semble que la souffrance soit beaucoup plus profonde que la joie. Mais si celle-ci est plus superficielle, c'est au sens de plus légère, ce qu'elle se doit d'être en tant que joie. Que de complexité qui peut pourtant se résoudre dans la simple et silencieuse étreinte des corps. En tant que simple et silencieuse, cette étreinte n'apparaît pas toujours comme une solution. Mais c'est précisément de ne pas apparaître comme telle qu'elle est une solution. Une solution avant même le problème, solution en tant qu'elle se situe à un tout autre niveau que le problème. Préalable à celui-ci, solution apriorique.

Ce déroulement immanent d'images en quoi consiste le moi ressemble à ce qu'en dit Fichte : « Il existe des images [...] des images qui passent, sans qu'il y ait quelque chose devant quoi elles passent, qui n'ont entre elles d'autres rapports que d'être des images d'autres images, des images où rien n'est représenté, des images sans signification, ni but[49]. »

49. Fichte, *La destination de l'homme*, traduit par M. Molitor, Paris, UGE, 10-18, 1942, p. 178-179.

Des images qui ne renvoient à rien d'extérieur, des images auto-engendrées, ou engendrées par la force de vie, pure réalité virtuelle, pur esprit, ombre ou fantôme. Cependant, la réalité de ces images consiste en leur rapport à elles-mêmes, leur pathos intrinsèque, leur souffrir et leur jouir qui est précisément la vie. L'individualité ne fait qu'un avec ce pathos immanent aux images. Les images sont des représentations en tant qu'elles renvoient à une réalité, en tant qu'elles se sentent elles-mêmes elles sont la réalité même de la vie. Toute image qui se sent, qui se rapporte immédiatement à soi, est plus qu'une simple représentation, elle est la vie, une forme particulière, individuelle, singulière de vie.

Certes, je suis un défilement, une panoplie ou un chaos d'images. J'ai une image des autres comme de moi-même. Non seulement j'ai des images, mais je suis images. Les images constituent ma conscience, mon intériorité. Images, pensées, affects qui ne cessent de changer, de passer des uns aux autres, de s'engendrer eux-mêmes. Que devient le monde quand ces images disparaissent ? Toute modification dans ces images est une modification dans le monde. Je suis pris dans ces images comme je suis pris en moi-même. Je peux lutter contre une image, mais ce sera au nom d'une autre image. Qu'ai-je d'autre à faire que d'être ces images le plus intensément, comme pour les mener au bout d'elles-mêmes et les épuiser, si possible ? C'est tout le sort de notre vie qui est ici en jeu. Nous sommes au cœur du débat. L'ombre avec laquelle nous luttons est nous-mêmes.

On ne saurait trop insister sur la logique amorale de la vie, logique qui ne peut jamais être battue en brèche par tous les efforts de la raison humaine.

Nietzsche est le philosophe qui a le mieux montré une telle logique. Ce pourquoi il choque tellement de gens. Dans la lignée des grands philosophes et des grands psychologues, il nous montre la réalité telle qu'elle est, et non telle qu'elle devrait être. Pour le dire avec lui, l'homme interprète ou explique moralement, en termes de faute et de culpabilité, un malaise d'origine absurdement physiologique. Normalement ou moralement, la culpabilité *suit* la faute. Or c'est l'inverse qui se produit. La culpabilité apparaît à partir du refoulement ou de l'intériorisation des instincts d'agressivité. Faute de pouvoir faire du mal, on se fait du mal. Et c'est cette souffrance infligée à soi qui est l'origine de la culpabilité (forme subtile de la cruauté envers soi). Il y a là quelque chose d'absurde dans l'apparition de la culpabilité. Les conséquences sont du même ordre. Ceux qui se sentent le plus coupables sont les plus stricts et les plus méticuleux, alors que les «méchants» (qui selon la logique de la morale devraient se sentir coupables), précisément parce qu'ils extériorisent leur agressivité, connaissent peu le sentiment de culpabilité. Plus l'agressivité est refoulée, plus la culpabilité augmente. Selon Freud, c'est en renonçant aux pulsions qu'on engendre une conscience morale qui oblige à de nouveaux renoncements : «Tout renoncement pulsionnel devient alors une source d'énergie pour la conscience, puis tout nouveau renoncement intensifie à son tour la sévérité et l'intolérance de celle-ci[50].» La conscience morale se fait d'autant plus sévère que nous l'observons avec

---

50. Freud, *Malaise dans la civilisation*, traduit par Ch. et J. Odier, Paris, PUF, coll. «Bibliothèque de psychanalyse», 1971, p. 86. Quant à l'analyse de Nietzsche, on la retrouve dans *La généalogie de la morale, op. cit.*, p. 275-278.

exactitude. Il y a d'abord souffrance. Comme dit Nietzsche, «ce qui révolte dans la souffrance ce n'est pas la souffrance en soi, mais le non-sens de la souffrance[51]». Une fois qu'un sens est trouvé, non seulement on ne s'oppose plus à la souffrance, mais on en redemande. On cherche donc à donner un sens à la souffrance. On lui en trouve un en la liant à une faute ou un péché, fût-il par exemple originel, et cette souffrance devient automatiquement culpabilité, comme un châtiment que l'on s'inflige à soi-même (une punition et une expiation). Ce sens est faux, affirme Nietzsche, mais peu importe, on y croit, il fait vivre. Ce n'est donc pas la faute puis la culpabilité, mais l'inverse, la culpabilité ou la cruauté envers soi d'abord, la faute ensuite. Logique absurde de la vie[52].

---

51. *Ibid.*, p. 261.

52. Semblablement, le narrateur de *À la recherche du temps perdu* fait la remarque, dans *Albertine disparue*, qu'il n'est tombé amoureux d'Albertine qu'une fois que celle-ci l'a rendu jaloux, alors qu'une logique «humaine, plus humaine», plus rationnelle ou plus morale aurait mis l'amour d'abord, la jalousie ensuite.

Chapitre IX

Les hommes ont tendance à perdre contact avec eux-mêmes, à ne plus sentir directement la vie, à perdre confiance en leurs propres sensations, perceptions et impressions. Ils recherchent la médiation d'une extériorité, d'une science pour se connaître et se comprendre. D'où la vogue des spécialistes en tout genre. On confie à des études extérieures le soin de nous dire ce qu'on sait intérieurement déjà, mais on ne fait pas confiance à ce savoir intérieur, et à force de ne pas lui faire confiance, on ne le sent plus. C'est le règne de l'extériorité. Règne de l'objet, règne de l'image, règne de la science, règne de la technique. Nous ne trouvons de chemin vers nous-mêmes que détourné, par le monde extérieur. Façon de dire que nous ne sommes pas complètement vivants, s'il est vrai que la vie se définit comme contact direct et immédiat avec soi-même. Monde forcément mortifère dans la mesure où la vie n'est jamais à l'extérieur d'elle-même, sinon sous la forme de retombées ou de produits plus ou moins morts qu'elle laisse en son incessant parcours, n'est jamais dans la médiation, et que c'est pour la fuir que nous nous perdons dans les objets, les possessions, l'argent, les images... Ou plutôt, la vie cherche à se fuir elle-même. Une tendance faible de la vie mène le bal, fuyant ce qu'il y a en elle-même de trop terrible, problématique, douloureux. La faiblesse fait en sorte qu'on ne peut pas faire face à ce qu'il y a de difficile dans la vie ou en soi-même. On en souffre. La vie se fuit parce qu'elle souffre. Les objets, les images sont alors autant de narcotiques. Même la science est un narcotique. C'est ainsi qu'une grande partie de la société, de ses valeurs et de ses institutions, est bâtie sur une peur de la vie. Mais c'est toujours la vie, ou une vie, une tendance au sein de la vie, un pathos, un s'éprouver soi-même, qui se fuit, qui a peur de soi-même. Ou encore, on peut dire que c'est par surabondance, prolifération, folie, *volonté de puissance* que la vie se répand à l'extérieur d'elle-même, quitte à se remettre ainsi en jeu, en question et en danger. Peut-être peut-on se tuer par trop de vitalité.

Le plus simple, le plus ordinaire est le plus fort : être en contact direct avec soi, ne faire qu'un avec soi. Et pourtant, cela se fait tout seul puisque cela est la vie même en sa nudité. Le plus simple est le plus difficile. C'est pourquoi la vie se fuit elle-même dans la sophistication, la théorie, la science, et plus encore dans toutes sortes de facilités, de divertissements. La vie cherche au loin, fait des efforts pour réaliser, pour accomplir. Mais ce n'est pas là que se trouve le plus ardu. Le plus ardu consiste à vivre purement et simplement. C'est ce qui nous manque le plus. Ne faire qu'un dans notre propre corps, ne faire qu'un dans notre esprit, ne faire qu'un dans nos affects. Nous sommes comme poussés par une force plus grande que nous qui nous rend la vie invivable, non pas les grandes épreuves de la vie, mais les choses les plus simples de la vie. Même la joie, l'amour nous est invivable. Même une simple étreinte nous est invivable. La mort nous est aussi invivable. Toute présence nous est pratiquement en partie invivable. Nous ne sommes jamais complètement là, mais à moitié perdus dans des images, des souvenirs, des pensées, des projets, des soucis, des inquiétudes, des obsessions. La trop grande puissance de la vie qui nous porte et dont nous sommes les jouets se manifeste entre autres par une fébrilité qui nous met toujours un peu à côté de tout ce qui arrive, à côté de nous-mêmes. Toujours la vie s'élève au-dessus d'elle-même, si bien que nous ne pouvons l'empoigner totalement. Même dans nos plus grands élans de sincérité, il y a quelque chose qui ne cède et ne s'abandonne pas. La vie, *notre* vie, nous échappe. Mais c'est que justement, elle ne nous appartient pas. Nous ne nous sommes pas faits et n'avons pas décidé d'exister. Nous sommes jetés dans la vie, nous ne sommes que récipiendaires ou exemplaires d'une puissance incommensurable, incommensurable dans les plus petites choses. Constamment, nous fuyons. Nous sommes à côté de nous-mêmes, nous sommes à demi sincères, toute vérité est entourée, trouée de mensonge. Nous ne parvenons pas à nous installer dans la vie, mais sommes comme perpétuellement jetés en avant, en arrière, de tous les côtés, comme si la vie nous échappait, nous fuyait et que nous tentions désespérément de la rattraper. Mais en courant de la sorte, nous ne rattrapons pas la vie, nous la fuyons. Elle n'est pas devant nous, mais nous colle aux semelles dans notre fuite. Fuir la vie est précisément une manière de vivre, et dans cette manière se trouve toute la vie dont nous soyons capables. Comment se fait-il que la vie nous soit si difficile s'il est vrai que nous y sommes comme poissons dans l'eau? Comment se fait-il que nous ne sachions pas vivre? C'est que la vie ne peut jamais être l'objet d'un savoir extérieur. Son seul savoir est celui de son sentir qui ne fait qu'un avec elle-même en son déroulement, un savoir qui ne s'accumule pas mais qui équivaut au pathos éternellement présent de la vie. C'est dire qu'un tel savoir se conjugue à une essentielle ignorance, une essentielle nudité et pauvreté, une essentielle fragilité. Nous sommes nus dans la vie, aux prises avec ce qui nous dépasse, la vie directement confrontée à l'invivable, étant invivable en elle-même. C'est que sa force nous submerge, que notre ego et notre organisme sont comme un corset que la vie ne cesse de faire éclater pour couler à travers. Pas surprenant que l'ego et l'organisme ne soient pas à la hauteur.

D'elle-même, la vie se dissimule. En deçà de toute pensée, de toute image, de toute mémoire, elle passe inaperçue. Elle ne prend aucune place. C'est toujours autre chose qu'elle qui prend toute la place, qui se laisse voir. La vie ne se laisse voir, y compris par le vivant lui-même. Elle est naturellement et spontanément humble, effacée. C'est tout ce qui est mort qui s'exhibe. Et nous-mêmes n'accordons d'importance qu'à des succédanés, qu'à des choses secondaires, tenant tellement la vie pour acquise que nous n'avons aucune pensée pour elle. En vérité, nous ne pouvons avoir de pensée pour elle, car elle est en elle-même impensable. Nous n'y avons accès que par l'absence de pensée. Nous sommes transcendants par rapport à cette vie absolue qui nous constitue. Nous subissons cette vie plus que nous ne la vivons. Nous sommes, en tant que vivants, auto-affectés plutôt que nous nous affectons nous-mêmes. Nous ne sommes pas de plain-pied avec la vie. Nous sommes pris dans le dehors, la distance, la séparation.

L'homme est un menteur, un escroc, un imposteur, à côté de lui-même, parce qu'il est forcément à côté de la vie. La vie qu'il mène la plupart du temps reste superficielle, plus une représentation ou une image de la vie, un rôle quelconque, que la vie elle-même. Ce n'est qu'à un niveau profond, là où il n'y a pas d'image, pas de mémoire, pas de pensée, que nous faisons *un* avec la vie. Mais la vie superficielle est celle de la conscience, de la pensée, de la mémoire, de l'imagination, du souci, de la frustration, du regret, de l'ambition..., une vie toujours plus ou moins extérieure à elle-même, séparée d'elle-même, objectivée, une vie agitée par des vents contraires, dominée par des humeurs elles-mêmes tributaires des aléas du monde extérieur. Une vie qui se néglige elle-même, en cela fidèle à son essence, même sans le savoir, dans la mesure où la vie en sa racine est inconnue, impalpable, invisible, et qui se perd dans la panoplie des objets de toute sorte qu'elle ne cesse de créer à partir de sa puissance incommensurable. Si nous ignorons la vie, c'est qu'elle est en elle-même inconnue, si nous la laissons de côté, c'est qu'elle passe d'elle-même inaperçue. Comment être fidèles à cette essence de la vie, sans retourner cette essence contre elle ? Comment ne pas humilier ce qui est de soi-même humble ? Comment ne pas enlever davantage à ce qui ne demande rien ? Comment ne pas être ingrats à l'endroit de ce qui donne sans compter ? Comment ne pas être aveuglés par l'invisible ? Comment ne pas négliger ce qui passe de soi-même inaperçu ? Comment ne pas tenir pour acquis ce qui est de soi-même condition de possibilité ?

Puisque la vie est d'elle-même insaisissable, on ne peut que mentir quand on essaie de la décrire, et cela même quand on tente de le faire avec la plus grande véracité, authenticité, sincérité et « objectivité ». Il s'agit là d'un mensonge transcendantal, et non simplement empirique. Tout mensonge empirique ne peut prendre appui que sur un tel mensonge ontologique, enraciné dans le regard et le langage qui tente de traduire celui-ci (dans le voir et le savoir). On ne peut parler de l'homme, à savoir de l'homme vivant, que de l'extérieur : l'appeler « homme » est d'emblée l'approcher de l'extérieur, de même quand on l'appelle un « animal raisonnable ou rationnel », un « esprit », un « corps », un *Dasein*, de même quand on l'appelle plus grossièrement, comme on le fait aujourd'hui, à une époque contaminée par l'économisme, un « consommateur », un « client » ou une « clientèle », une « ressource »... Dans tous les cas, la réalité vivante est insaisissable et innommable en sa vérité, car échappant à toute distance, à toute représentation, ou étant tuée par elle. Comme disait Wittgenstein, en ce qui concerne la vie : « Ce dont on ne peut parler, il faut le taire[53]. »

C'est dire que si l'homme est un escroc, c'est bien au-delà de la sphère psychologique. L'homme est plutôt un escroc ou un faussaire transcendantal, au sens où la vie qui l'habite et le constitue se dissimule d'elle-même, n'offre qu'une représentation plus

---

53. Wittgenstein, *Tractatus logico-philosophicus*, traduit par Pierre Klossowski, Paris, Gallimard, coll. « Idées », 1961, p. 177. Cette traduction est confirmée par celle, plus récente, de Gilles-Gaston Granger (Paris, Gallimard, coll. « Bibliothèque de philosophie », 1993, p. 112) : « Sur ce dont on ne peut parler, il faut garder le silence. »

ou moins fausse et mensongère, où vérité et fausseté sont enchevêtrées de manière inextricable. L'imposture est ontologique et dépend de l'impossibilité qu'a l'homme de se *voir* tel qu'il est. Quand il se voit en effet, c'est plutôt tel qu'il se représente, et en toute représentation, il y a distance face à la vie, la réalité ou la vérité, les trois termes étant en l'occurrence synonymes. L'homme ne peut se voir que *tel qu'il se voit*, toute image renvoyant à une autre image, à côté de la réalité telle qu'elle est, qui échappe, par définition, à toute image. Comme le disait Deleuze au sujet de Platon, la copie induit son modèle ce qui fait qu'elle ne copie qu'elle-même, la réalité, quant à elle, échappant à tout modèle et à toute copie. C'est sur un tel fond d'imposture ontologique que toute l'imposture empirique, celle de la moralité ou du conformisme social, de la politique, de la propagande ou de la publicité tous azimuts, s'enracinera pour faire pousser ses plantes luxuriantes et proliférantes.

Quel piètre cas fait-on de la vie ! On peut le voir au plan de la représentation qu'on en donne dans n'importe quel film, n'importe quel roman. Combien de souffrances et de morts infligées pour le plaisir du spectacle. Combien on fait facilement mourir les personnages de roman et de film. Quelle complaisance dans le sadomasochisme. Quelle insensibilité à la souffrance. Que de cruauté et que de plaisir pris à cette cruauté. Combien il est difficile de se mettre dans la peau d'un autre. Et pourtant *nous sommes* dans la peau d'un autre. Je suis un autre pour un autre, comme un autre moi est un autre pour moi. La souffrance de l'autre est ma propre souffrance. Combien de dureté et d'indifférence qui se retournent contre soi-même, contre la vraie vie, dans la réalité.

Il est vrai que déjà dans celle-ci les hommes meurent comme des mouches. Mais l'homme en rajoute : tueries, guerres, génocides, etc. On lance des statistiques, centaines, milliers, millions... Pense-t-on chaque fois qu'il y a, derrière les chiffres, la science et la technique, l'information et l'administration, telle et telle individualité vivante qui a éprouvé telle humiliation, telle souffrance indicible, qui a été rayée de la vie avec tellement de facilité, de sans-gêne ? Derrière les centaines, les milliers et les millions, il y a autant de toi et de moi, et leurs souffrances, leurs angoisses, leurs terreurs, leurs désarrois. Une blessure, une offense, une humiliation, une mort perçues de l'extérieur sont peu de chose, choses relatives, interprétées, déjà passées, à demi oubliées. Car nous nous trouvons, quant à nous, ailleurs, à savoir dans notre présent vivant. Mais peut-on vivre de l'intérieur cette blessure, cette humiliation, cette mort ? Car elles n'ont d'existence que de l'intérieur, qu'éprouvées, que senties, et en tant que telles sont absolues. Pour celui qui meurt, la mort est absolue, elle engage tout. C'est l'univers entier qui meurt, objets, désirs, terre et ciel, soleil et étoiles. Il s'agit là d'une catastrophe indicible, devant laquelle la pensée se tait, car la pensée aussi meurt. Comme Primo Levi le disait du génocide juif perpétré par les nazis, les seuls qui peuvent véritablement porter témoignage sont les morts. Eux seuls sont allés au bout de l'épreuve, en l'occurrence de l'enfer[54]. Mais voilà, les morts ne peuvent pas témoigner. Comment les

---

54. «Nous, les survivants, ne sommes pas les vrais témoins [...]. La destruction menée à son terme, l'œuvre accomplie, personne ne l'a racontée, comme personne n'est jamais revenu pour raconter sa propre mort» (Primo Levi, *Les naufragés et les rescapés*, traduit par André Maugé, Paris, Gallimard, coll. «Arcades», 1989, p. 82-83).

vivants et les survivants le pourront-ils à la place des morts, sinon en se mettant à leur place, en le tentant du moins ? Faute de ressentir de l'intérieur, c'est-à-dire de l'intérieur de la vie, la réalité n'est qu'un spectacle, tel que nous l'offrent les médias. L'absence de compassion réelle est le signe éloquent d'une vie perdue dans ses objets, fantasmes, images, idées, préjugés, idéologies, conditionnements, etc., qui ne la valent pas, les préférant pourtant à elle-même, se subordonnant à eux, écrasée et tuée par eux. Alors que la vie est le mystère même du monde, le sacré par excellence, n'importe quel objet coûte des vies, on échange, acquiert, conquiert n'importe quel objet au prix de vies, comme si celles-ci ne valaient rien, alors qu'elles sont au fondement de toute valeur (économique, sociale, morale...).

Dans la vie ordinaire, nous sommes agités, superficiels, dispersés, fébriles. Nous sommes toujours en fuite, à la course, même quand nous n'avons rien à faire. Nous n'avons pas le temps de vivre, nous sommes pris dans une roue qui tourne. Nous sommes pris dans un monde sensori-moteur dominé par nos intérêts, nos soucis, nos obsessions, nos frustrations, nos blessures non cicatrisées. Nous ne sommes pas assez légers, assez nus et disponibles pour être un peu présents. L'art nous force à nous arrêter, il s'adresse à nous sur fond de silence et de solitude. Nous nous ouvrons, devenons vulnérables, atteignons à une dimension contemplative qui nous permet de nous confronter à l'essentiel, cet essentiel qui est recouvert habituellement sous tout le monde extérieur. Par l'art, nous sommes placés dans une position de passivité active, de réceptivité, de fragilité, d'ouverture et de vulnérabilité. L'art nous transforme, nous enfonce plus profondément en la vie, nous enlève nos masques et nos carapaces, nous rend aussi nus et aussi vulnérables qu'un mourant.

Quel être extraordinairement complexe, labyrinthique, quel gouffre, quel abîme que l'être humain ! Il se déplace et se retrouve plus ou moins bien, dans la mesure où il s'épouse lui-même et que ce qu'il sent, perçoit, pense est ce qu'il est : labyrinthe, complexité, gouffre, mélange de nuit et de jour... Ce n'est pas qu'il percevrait confusément une situation par ailleurs claire, mais il perçoit confusément une situation en elle-même confuse, et en cela il la perçoit clairement. Il se déplace erratiquement en son labyrinthe, et cette errance est le plus court chemin. C'est en se faufilant dans la terre que la taupe creuse son chemin, c'est en zigzaguant de même à l'aveuglette qu'avance le voyant. C'est quand l'homme veut être trop logique qu'il ment le plus. Mais derrière la façade de la logique, la réalité reprend ses droits et l'homme s'en accommode nécessairement comme il s'accommode de lui-même. Il donne le change socialement, chacun fait de même, ce qui crée l'hypocrisie sociale. Chacun montre un masque confectionné sur mesure, en fonction des attentes et autres consensus, chacun peut même être lui-même dupe du masque, mais derrière le masque se trouve une nudité amorale ou immorale, où les contraires apparents coexistent et sont contigus, reliés même entre eux par des relations de cause à effet. Comme le dit un personnage de roman, c'est parce que je suis si «mauvais» ou «méchant» que je puis être par ailleurs si «bon». «Basse» sexualité et «haute» spiritualité se stimulent l'une l'autre. Un sage peut être un fou, un saint peut être un démon, un ascète peut être un sensuel, non pas que le second réfute le premier, mais l'un et l'autre sont plutôt inséparables et même indiscernables. Nous pourrions multiplier les exemples de ces brillants « paradoxes » qui ne font pourtant qu'exprimer la logique la plus ordinaire de la vie. Façon de dire que la vie se trouve par-delà bien et mal à un niveau tellement profond ou élevé que l'homme n'y a pas encore eu accès complètement. Car tout l'homme se base et se fonde sur une morale ou une éthique, sur une prétention de pouvoir déterminer ultimement le bien et le mal. Mais ici, Spinoza a dit l'essentiel : le bien et le mal n'ont de sens que pour l'homme, et non à la grandeur de l'univers ou du cosmos. Car en celui-ci, il y a ce qui est, et ce qui est bon pour l'un peut être mauvais pour l'autre, et inversement. Mais même par rapport à l'homme, bien et mal sont sous le signe du paradoxe, échappant à toute catégorisation transcendante ou extérieure, ne pouvant être déterminés que de manière immanente : ce qui est bon ou mauvais en tel lieu et tel moment, pour celui-ci ou pour celui-là.

Conclusion

Nous ne soupçonnons pas à quel point nous colorons le monde de notre couleur. Il y a là un rapport d'immédiateté, le monde et le vivant étant inextricablement liés, se reflétant l'un dans l'autre, ne faisant en réalité qu'un. Ce qui ne veut pas dire que je cause tout ce qui arrive, que j'hallucine la réalité, mais qu'il y a essentielle interaction, qu'une chose du monde n'a sens que par l'interprétation pratique que le vivant en fait. Par exemple, l'homme donne une valeur et un sens aux choses, simplement en les nommant il les inscrit dans son univers. Plus généralement, il voit et pense à partir de la structure de ses sens et de son cerveau. Il fait de la rotation de la terre autour du soleil le principe d'organisation temporelle de ses activités. Le monde est perçu en fonction de ses besoins et de ses désirs. Longtemps il a fait des cieux le royaume de dieux... Et le chien quant à lui, ou la mouche, ou la tortue, etc., habite un autre univers. De plus, le vivant humain crée effectivement des choses, des événements du monde. Il transfigure ce qui semble aller de soi, entre en contact avec l'invisible derrière le cliché, fait basculer ce qui paraît le plus évident, remet en question les plus solides consensus. Il panique au sein du bonheur, et rit, sourit intérieurement au cœur de la détresse. Il crée la logique, toujours nouvelle, loin d'être soumis à une logique du passé, à savoir une logique morte. La vie est à la fois merveilleuse et terrible. C'est le monde et l'homme qui sont merveilleux et terribles. La réalité est si variée, si diversifiée parce que sont variés et diversifiés les états de l'homme, états eux-mêmes toujours en devenir. Les événements, les choses sont aussi complexes que la vie qui constitue le vivant, et notamment l'homme. Je porte en moi le passé de l'humanité et mon propre passé personnel. J'erre et je tâtonne, toute force sur fond sans fond de fragilité, toute certitude sur fond sans fond d'incerti-tude, tout connu sur fond sans fond d'inconnu, par-lant en balbutiant, bégayant et bafouillant, le sens s'enlevant sur fond de non-sens, cheminant en errant, trébuchant et titubant, sur des chemins créés par le cheminement même, et qui ne mènent nulle part. Tels sont le monde et l'homme, le monde et ses guerres, ses famines, ses injustices, ses crises, comme sont l'univers et son Big Bang, ses galaxies à la dérive, ses explosions d'étoiles, son silence infini. L'homme et l'univers, l'homme et le monde, ne font qu'un, de même nature ou de même substance. Non pas que le monde ou l'univers crée l'homme à sa couleur, car c'est aussi bien l'inverse qui se passe, la vision qu'a l'homme du monde et de l'univers, les événements qu'il y crée lui-même reflétant la couleur de la vie en l'homme. En réalité, il est impossible de faire la part de l'un et de l'autre, puisque l'un et l'autre sont *un* (autre formulation de l'équation individu = univers). Il s'agit là d'une identité intensive ou affective, au sens où la vie est affect. Et l'affect, quant à lui, n'est pas que subjectif, l'affect est le monde. Le monde que j'habite est de part en part affectif, non pas «subjectivement» affectif, mais «objectivement» affectif, au sens de vraiment, réellement affectif. Même le monde «neutre» de la science est affectif.

La panique ou l'anxiété que je ressens au fond de moi et qui dépend de je ne sais trop quoi, d'une image, d'un fantasme, d'un malaise physiologique, d'un souvenir, d'une anticipation, d'une atmosphère, d'un nuage qui passe, colore le monde, telle une toile de Munch. Dans une toile de Munch, personnage et paysage sont de même nature, de même affect, celui-là même auquel on donne le nom propre de Munch. Inversement, le calme au fond de moi immobilise les mouvements les plus véhéments. Les visages se transforment à mes propres yeux en fonction de ce qui se passe et change derrière eux. L'amour que je sens rend même les visages tristes secrètement souriants. Le rêve que je fais en dormant colore la nuit, comme le cinéma transfigure la toile blanche. Le pardon efface la faute, l'oubli efface le passé, ce qui est transforme ce qui a été, le futur refait rétrospectivement le passé. La réalité est toujours en train de se faire ou de se créer, et l'homme est partie prenante de ce processus sans commencement ni fin.

Les choses ont la place et l'importance que nous leur accordons. Le monde se trouve souvent en nous bien plus qu'à l'extérieur. Dans tous les cas, il se trouve tout autant à l'intérieur qu'à l'extérieur. Dieu est une croyance et une réalité, inséparablement. L'histoire de Dieu est parallèle à celle de l'homme (polythéisme, monothéisme, athéisme). L'homme habite le monde de sa perception, de sa pensée, de sa croyance. La réalité varie à nos yeux avec l'image que nous nous en faisons. Non pas que tout soit affaire de choix, de liberté, de volonté, car cette relation de reflet entre individu et univers fait partie de l'«il y a», involontaire et le plus souvent inconscient. C'est malgré lui que l'homme habite le monde de sa perception, de son conditionnement, de ses préoccupations. Il en est de même, d'ailleurs, de l'animal, bien que son monde, d'après ce que nous en savons, soit moins riche, moins complexe que celui de l'homme. Il en est en fait de même de toute vie.

L'ambition fait en sorte qu'on ne sait où donner de la tête. Nous nous obligeons à ceci et à cela en une agitation stérile, afin d'accomplir, ou de fuir le vide, l'oisiveté, le silence. Ces choses à faire ou à accomplir ont la nécessité que nous leur accordons. L'abandon de l'ambition fait en sorte qu'il n'y a rien à faire, rien d'autre que ne rien faire, rien d'autre que vivre et occuper ce vivre par ce qui émane de lui-même, ses propres actions et contemplations. Le désespoir, l'angoisse, la détresse rendent le monde inhabitable, alors que la joie le rend tout léger. Du point de vue de la souffrance et de la dépression, le laid et le douloureux ressortent partout, alors que du point de vue de la joie, tout se met à rire et sourire. Il s'agit du même tout, perçu de deux points de vue différents, habité par deux sensibilités. En fait, c'est le même esprit qui passe d'un état à l'autre, d'un affect à l'autre, si bien que ce qui était absurde tout à l'heure se suffit maintenant à lui-même et n'a besoin d'aucune raison d'être. Comme le dit Proust, les problèmes, insolubles tout à l'heure, ont maintenant perdu toute importance[55]. La grimace s'est méta-

---

55. Marcel Proust, *Le temps retrouvé*, Paris, Le Livre de Poche, 1954, p. 221.

morphosée en sourire. Il est vrai que la métamorphose peut également se faire dans l'autre sens. Il suffit de tellement peu pour que l'enfer devienne paradis, et réciproquement. Nous habitons le monde en fonction de ce qui se trame dans notre pensée, ambitions, frustrations, désirs non réalisés, comparaisons, ou au contraire sérénité, sagesse, calme. Le monde est tout entier coloré par le monologue ou le dialogue intérieur au point que, là aussi, il n'y a pas de frontière entre la pensée et le monde, l'intérieur et l'extérieur. Une chose est importante à partir de l'investissement que nous en faisons ou de l'obsession que nous en avons. Une chose essentielle peut devenir secondaire. C'est d'ailleurs ce qui se passe aussi à un niveau social. Ne dit-on pas que les médias créent l'événement ? La force du désir transfigure les femmes et les hommes, selon la direction de ce désir. Le désir est le sel de la terre. Le même mets peut être excitant et fade. Une même personne se transforme selon le devenir de la relation que nous entretenons avec elle. Constamment, il y a continuité entre dedans et dehors, comme un seul mouvement de flux et de reflux. Les barrières sont en nous, et ce sont elles qui éloignent le monde. Quand les barrières tombent, nous sommes comme poissons dans l'eau, la vie se déroule dans l'ouvert de l'indistinction entre intérieur et extérieur. La contemplation, qui suppose l'abandon, qui consiste à recevoir ou à être reçu, qui laisse être, est un état de vie très puissant qui permet au monde de se livrer tel qu'il est. Elle est un état suprêmement intense de vie où est abolie la séparation entre l'observateur et l'observé. Là aussi, il y a identité entre l'individu et l'univers : l'Un indivisible.

Dans l'amour, un seul être vous manque et l'univers entier s'en trouve dépeuplé. Dans le deuil, soudainement, alors que rien ne semble avoir changé, tout s'effondre et se vide. C'est un vide ou un creux qui aspire le monde et le fait disparaître. Le sens ne tient qu'à un fil, et ce fil traverse les circonvolutions du cerveau et ces raisons du cœur que la raison ne connaît point. Dans la vie la plus ordinaire, le monde change en fonction de nos humeurs et de nos états. Excitant et riche ici, déprimant et pauvre là. Magnifique en ce moment, terrible un peu plus tard. Plein de sens, puis absurde, puis de nouveau plein de sens. Tout est aride et impossible, et puis tout est facile et léger. On plane dans la légèreté du rêve, et le monde habité est vraiment celui du rêve, et on se réveille dans la lourdeur d'un corps qui doit se remettre sur ses pieds. Et au cours de la journée, les états et le monde ne cessent de changer. On a le goût de mourir et le goût de vivre. La joie côtoie la tristesse. On perçoit bien la transformation du monde concomitante de notre propre transformation. C'est aussi à cause de cette instabilité fondamentale de notre métabolisme qu'on peut dire, avec Héraclite, qu'on ne se baigne jamais deux fois dans le même fleuve. Le monde n'est plus le même, non seulement en lui-même, mais parce qu'on n'est plus le même. Le monde est différent pour un enfant, un adulte et un vieillard. Le monde naît et meurt avec une vie. À l'état normal, nous percevons le monde et le pensons à partir d'un crible qui est notre propre corps, cerveau inclus. Sous l'effet d'une drogue, les vitesses du monde sont soudainement ralenties ou accélérées, l'habituellement imperceptible est perçu (voir Henri Michaux). Chaque drogue induit un univers singulier ou donne à l'univers sa couleur singulière. Mariage du chimique et du physique, de l'esprit et de la matière, de l'intérieur et de l'extérieur. L'alcool produit un univers de son cru, univers tout à fait réel dans lequel on souffre, jouit, vit et meurt (univers mis en scène notamment par Malcolm Lowry et Jack London — par l'alcool on sent comme une plante). L'enfant habite un monde différent de celui de l'adulte, un monde de sa propre création, même si celle-ci est involontaire. De même pour le fou en regard de l'homme normal, à savoir du névrosé ordinaire. Ainsi le monde habité par Lenz, tel que décrit génialement par Büchner : indistinction entre rêve et réalité, entre le tourbillon de la nature et le tumulte de l'esprit[56]. Nous pourrions reprendre ici les paroles du grand romancier russe Andréi Biély : « Sa boîte crânienne devenait un creuset d'images mentales qui s'incarnaient aussitôt [...]. Les marches, moelleuses comme les circonvolutions cérébrales [...]. Tout ce qui défilait devant ses yeux, tableaux, piano, miroirs, nacre, marqueterie des guéridons, tout n'était qu'excitation de la membrane cérébrale [...]. La porte qui venait de claquer dans le couloir sonore n'était qu'un martèlement pour ses tempes[57]. » Une crise mentale plonge soudain en enfer. Un mot de trop, et rien ne va plus. Façon de dire, avec Raymond Ruyer, que, « sur le bord d'une falaise, un seul pas dans le sens horizontal peut produire une chute verticale mortelle. De même, parfois, un seul mot, un seul geste,

---

56. Georg Büchner, *Lenz*, traduit par Jean-Claude Schneider, dans *Les romantiques allemands*, Paris, Gallimard, coll. « Bibliothèque de la Pléiade », 1963, p. 686-709. On pense à une toile de Munch. On lira également *Aurélia* de Nerval où se trouve décrite la folie sous la forme notamment de « l'épanchement du songe dans la vie réelle ».

57. Andréi Biély, *Pétersbourg*, traduit par Jacques Catteau et Georges Nivat, Lausanne, L'Âge d'homme, coll. « Classiques slaves », 1967, p. 35-36.

peut nous perdre ou nous sauver, dans la "dimension" des sens ou des valeurs[58]. »

La source de la philosophie et de l'écriture, en fait de toute création, est une certaine nudité, celle-ci fût-elle par ailleurs nécessairement habillée de culture, d'histoire, de passé, de conditionnement. Mais ce qui donne l'impulsion, ce qui met le sceau d'une certaine nécessité est la nudité de la vie, à savoir un vide, un inconnu, qui peut se traduire au niveau des affects par une angoisse, un désarroi, une fébrilité ou, au contraire, par un calme, une sérénité, une forme de détachement. Tel est le noyau. Ce qui confère nécessité et véracité au processus, en deçà de tous les masques et faux-fuyants, toutes les illusions inévitables, tous les malentendus et porte-à-faux. C'est en revenant constamment à cette source qu'on repart de plus belle. Derrière tous les masques que porte l'acteur, et tout individu social est un acteur, il y a le vivant sans visage et sans mémoire, sans connaissance et sans certitude, le vivant qui est pur affect et qui, en tant que tel, ne ment pas et ne se ment pas, est tel qu'il est, sans raison et sans raisonnement, sans justification et sans condamnation. Pur vivant au sein de la vie, qui n'a rien demandé, à qui il est arrivé d'apparaître, qui est ce qu'il est sans que cela dépende beaucoup de lui, mais qui doit malgré tout en assumer toutes les conséquences, héroïques et tragiques, terribles et merveilleuses. Telle est la source d'où tire son énergie toute création.

Une philosophie qui vaille pour la vie quotidienne. Donc, une philosophie comme pratique, comme sagesse de vie, et non comme théorie. D'ailleurs, la

---

58. Raymond Ruyer, *La cybernétique et l'origine de l'information*, Paris, Flammarion, coll. « Science de la nature », 1964, p. 95.

philosophie n'est pas une affaire de formules, d'explications, de visions du monde, de théories, mais plutôt ici aussi d'affects, d'attitudes, à la limite d'humeurs. Car que valent les systèmes philosophi-ques devant le fait de la vie, devant comment on sent, comment on vit et comment on est. Car en fin de compte, seul cela importe vraiment, ce qui se passe dans la vie, et non une explication de la vie. Certes, ce qui se passe dans la vie échappe à celle-ci quand elle tente d'en rendre compte, de le mettre en mots, d'en faire une description. C'est la raison pour laquelle toute philosophie, comme d'ailleurs toute science, ne peut que demeurer en deçà, que passer à côté. Elle ne peut qu'empoigner un double de la vie et non la vie elle-même, telle qu'elle est au fil de la quotidienneté. La vie quotidienne comprend la vie en tous ses instants. Souvent, la philosophie ne s'adresse ou ne s'applique qu'à des instants privilégiés, instants de contemplation, de réflexion, de communication. Mais la vie, c'est ce qui se déroule tout le temps, ce qui ne cesse de se dérouler. C'est une question que nous nous sommes constamment posée face à un personnage de roman, de cinéma : qu'advient-il de lui entre les scènes, entre ses présences, qu'advient-il de lui quand il est seul, et qu'il ne se passe rien de particulier, quand il mange, à quoi rêve-t-il, quelles sont ses frustrations, ses désirs cachés ? Pas seulement le personnage en des instants choisis, significatifs, importants, mais en tous les instants quelconques, car la vie n'arrête jamais. Qu'advient-il de lui quand il dort et qu'il ne rêve pas ? La vie n'est pas seulement quand elle pense, contrairement à ce que pensait Descartes, mais la vie est tout le temps, peu importe ce qui se passe. Comme le dit Miller, « la vie ne se passe pas à l'étage au-dessus. La vie est là devant nous, dans l'instant, n'importe quand[59]... » Et la philosophie, comme attitude, mode, style de vie, imbibe tout de l'intérieur. Encore faut-il que cette philosophie sache maintenir le contact avec la vie, qu'elle ne se perde pas en de simples et lointaines représentations de celle-ci. Car la vérité n'est rien d'autre que la vie même, que son déroulement, que son mouvement, que ce qui est senti et ressenti constamment en son parcours. La vérité n'est pas une formule mais le mouvement même de la vie. La vérité est la vie, à savoir concrètement tel état, telle humeur, telle pensée, telle souffrance, tel plaisir, telle anxiété, tel espoir, tel affect, avant qu'ils soient nommés ou représentés. Le reste est littérature ou philosohie, au mauvais sens du mot. C'est pourquoi on cherche à agir directement sur l'affect, à l'aide d'une drogue, d'un exercice. C'est pourquoi également les idées, les croyances peuvent tellement nous laisser tomber devant la force vivante du pur affect, et qui, dans la vie ou dans la réalité, prend toute la place. Là où la pratique prend toute la place et n'en laisse aucune à la théorie. C'est ainsi également que le sens de la vie ne réside pas dans une explication ou une interprétation, un espoir ou une croyance, mais réside uniquement en elle-même, en son sentir. On se lève le matin avec tel affect et tout le sens de la vie se trouve en un tel affect. Que valent en effet, eu égard à un tel affect, telle grande philosophie ou telle grande religion ?

Il y a tellement de choses intolérables dans la vie. Naître et mourir sont intolérables. Les affects de la vie, la tension de la psyché, le poids et les maladies

---

59. Henry Miller, *Sexus*, traduit par Georges Belmont, Paris, Buchet/Chastel, 1968, p. 53.

du corps sont intolérables. Sont intolérables le fait que tout soit toujours à recommencer, et que le chemin n'aille nulle part. Intolérable la logique illogique de la vie, que quelque chose de grand s'accomplisse dans des conditions difficiles, voire impossibles. Pour vivre, pour passer à travers, nous gommons, camouflons cet intolérable, nous nous insensibilisons à lui, grâce à l'habitude, au divertissement, à des drogues, à des pensées, à des illusions. L'art, la science et la philosophie pointent directement du doigt cet intolérable. Ils nous le jettent pour ainsi dire en plein visage alors même que nous nous détournons. Nous acceptons qu'il en soit ainsi, car en même temps, l'art, la science et la philosophie rendent cet intolérable tolérable d'une manière supérieure, par un acte suprême de création qui lui donne une forme, un sens, un style. Ils parviennent à donner une forme à l'informe, une beauté à la laideur, une nécessité au hasard, un sens à l'absurde, une interprétation à l'inconnu. Intolérables l'infiniment grand et l'infiniment petit, d'être perdus dans un univers infini et d'être composés de cellules, de chromosomes, de virus, d'atomes, de protons, de quarks. Intolérables les sensations et les affects. Intolérables la situation de l'homme dans le monde, le rapport sophistiqué impliqué par cette situation, quant à la connaissance, quant au sens de l'homme et à celui du monde. Intolérables toutes les questions que l'homme se pose et qui sont sans réponses, tous les faux problèmes, toutes les illusions qui prennent pourtant son énergie vraie et réelle. Intolérable cette hypersensibilité qui rend les états de l'homme «pareils aux flots de la mer agités par des vents contraires», et qui nous rend si vulnérables à l'envie, à la comparaison, à l'angoisse, à la panique[60]. Intolérable cette agitation stérile plus forte que nous. Intolérable cet équilibre toujours instable et fragile, et qui ne cesse de s'effondrer dans des crises qui remettent tout en question. Dans de telles crises, l'intolérable est ressenti de plein fouet. Intolérable cette trop grande conscience qui ne sait où donner de la tête. Intolérable que de se sentir à côté de la réalité et à côté de soi, que de se sentir pris dans un cul-de-sac et impuissants à s'en sortir. Intolérable le cours quotidien de la vie, à savoir le passage incessant de la souffrance à la joie, et de la joie à la souffrance. Intolérables les multiples formes de l'injustice, la superficialité des médias, le sentiment d'impuissance qui semble prévaloir, la bonne conscience du consensus. Il y a des états intolérables où il ne semble exister d'autre issue que le suicide. Et le suicide n'est pas une issue, c'est une façon de fuir le problème. Intolérable qu'il n'y ait d'issue nulle part, et qu'on piétine sur place, à souffrir, en attendant que ça passe et que ça revienne. On est aux prises avec un problème insoluble parce que ne faisant qu'un avec nous-mêmes, ne faisant qu'un avec la solution qu'on lui apporte. Être devant une situation politique, économique, psychique, morale qui nous écrase, qui

---

60. Spinoza, *L'Éthique*, *op. cit.*, p. 468. Sur l'hypersensibilité : «C'est ainsi que je prolongeai cette désolante existence, bien désolante en vérité, avec un corps d'une sensibilité telle qu'un changement tant soit peu rapide peut me précipiter des meilleures conditions dans l'état le plus déplorable» (Beethoven, *Le testament d'Heiligenstadt*, traduit par Armel Guerne, dans *Les romantiques allemands*, Paris, Desclée de Brouwer, 1963, p. 640). Également : «J'ai l'âme à ce point blessée que la lumière du jour me fait mal, je pourrais l'affirmer, quand je mets le nez à la fenêtre et qu'elle brille devant moi» (Kleist, *Les lettres de la mort*, *ibid.*, p. 602).

a la bonne conscience et le consensus de son côté. La fausseté et l'illusion sont tellement profondément enracinées dans la texture même des choses, de l'histoire, de la psyché. On dirait, mais peut-être nous trompons-nous, sommes-nous à la fois juges et parties, que l'intolérable s'est amplifié avec le « progrès » de la technique et de la civilisation, qu'avec l'invasion des images notre vie nous échappe toujours davantage, qu'avec la sophistication des machines notre emprise sur la réalité se déréalise. La psyché est mise à rude épreuve : compétitivité, désir de parvenir, jalousie, insatisfaction et manque d'estime de soi, dépression comme maladie du siècle. Il nous faut une nouvelle ascèse pour nous en sortir.

Cette ascèse est création, création de la vie, à même la vie, dans la vie. C'est en gardant au cœur l'intolérable que l'homme crée. C'est poussé par lui qu'il va de l'avant. C'est pour le rendre tolérable qu'il lui donne une forme, un sens, une interprétation dans l'art, la science et la philosophie. Il ralentit la trop grande vitesse, calme la trop grande agitation, met en ordre le chaos, nomme l'innommable, donne une consistance à l'évanescent, une durée à l'éphémère, tente de donner une incarnation et donc une visibilité à l'impalpable et à l'invisible. Il jette dans la création tout le trop-plein qui l'agite et le rend fou, qu'il ne peut contenir. Pour créer un peu de paradis à même l'enfer, un peu d'air à même l'irrespirable, un peu de possible à même l'impossible. Afin de faire une grande santé à même la maladie, une réussite à même l'échec, un cosmos à même le chaos, une œuvre à même ce qui l'empêche, quitte à ce que santé, réussite, cosmos, œuvre soient de nouveau emportés dans la tourmente de la vie, rejetés dans l'informe et le dispersé, l'impalpable et l'inachevé, forçant de nouveau la création, en un incessant processus qui est celui de la vie même, qui dure aussi longtemps que celle-ci.

Grâce à la maladie, l'esprit se réconcilie tout à fait avec le corps, tout conflit entre eux cesse, puisque l'un est l'autre par la force de la maladie, ce qui est toujours le cas, mais ce qui est révélé comme une évidence et un fait par la maladie. Du fait également de la maladie, il y a compassion, complicité, affection pour les autres vivants. La maladie fait sentir fortement l'essentiel, qui nous est commun, le fait que nous soyons en vie, et que cette vie soit indistinctement puissance et fragilité, l'une parce que l'autre. La maladie nous enseigne sans phrases que nous sommes tous frères et sœurs. Les masques tombent quand il n'y a rien d'autre à montrer que la vie mortelle invisible en tous et chacun. Il ne s'agit d'ailleurs pas de la montrer, mais de la laisser être, se déployer, éclore, porter ses fruits et les donner.

Dans la même logique paradoxale, le mourant est le plus vivant, parce qu'en mourant il laisse spontanément tomber « toutes les mesquineries courantes des hommes qui vivent leur vie comme si la mort n'allait jamais les toucher[61] ». La vie mourante se détache de tout ce qui l'entrave et la fait ployer, de tous les masques qui la défigurent. La vie mourante n'est plus qu'*une vie*, impersonnelle et singulière, la vie de tout le monde en deçà ou au-delà de la psychologie et de l'histoire personnelle. L'ego s'est fait tout petit, lui-même à demi disparu. Une vie devenue sans entraves de n'avoir plus rien à perdre et plus rien à prouver. Une vie devenue très sobre et qui va droit à l'essentiel. Une vie qui brûle les questions faute de les résoudre. Le mourant est doté d'une vie

---

61. Carlos Castaneda, *op. cit.*, p. 44.

très pure, très sobre, réduite à l'essentiel. C'est ainsi qu'il faut vivre, en mourant, façon d'assumer dans la vie même le fait d'être mortel. Il en résulte une grande liberté d'esprit, la liberté de celui qui n'a rien à accomplir, rien à prouver, rien à faire, de celui qui n'a qu'à être. Être en tant qu'être, et rien de plus. Peu de désirs et peu d'ambition, juste ce qu'il faut pour être ou vivre, vivre au minimum ou en son noyau, quand vivre se suffit à lui-même. Le mourant apprécie la vie pour ce qu'elle est, pur fait d'être en vie, sans autre raison.

Ou encore le survivant, celui qui vit après la mort, le déjà mort, le posthume, non seulement celui qui a survécu au génocide, mais celui qui, d'une manière ou d'une autre, est déjà passé par le pire, a déjà connu ou pressenti le pire. C'est aussi bien le personnage de Beckett que le juif rescapé des camps de la mort. Mais c'est aussi un peu nous tous. Une vie qui nous est pour ainsi dire comptée, mesurée. Une vie a priori temporaire, donnée, qui ne va jamais de soi, qui peut nous être à tout moment enlevée, par Dieu ou par les hommes. Une vie réduite à un minimum, dure, difficile, voire impitoyable comme est celle aménagée par les conditions actuelles du capitalisme tous azimuts. Une vie qui n'arrive pas à se révolter, qui étouffe à l'intérieur d'elle-même, à qui on fait croire qu'il n'y a rien à faire, que la seule voie est celle de la résignation et de l'impuissance. Ce mode de vie dont nous parlons n'est pas que métaphysique, mais aussi social, politique, quotidien. C'est une vie qui se traduit concrètement par anxiété et douleur.

Devant une vie plus difficile, comment réagir ? Ne faut-il pas dire avec Nietzsche, « tout ce qui ne me tue pas me renforce » ? Tout ce qui est grand ne se réalise-t-il pas *en dépit* des circonstances, donc *à cause* de celles-ci ? N'est-ce pas précisément dans les situations les plus difficiles qu'il faut pour ainsi dire en profiter, et se donner de nouveaux défis ? N'est-ce pas affaire de stratégie ? C'est dans une vie devenue plus difficile qu'il faut court-circuiter les faux problèmes, qu'il faut prendre la vie plus simplement. C'est quand on étouffe qu'on trouve la poche d'air, et qu'il suffit de respirer pour aller au cœur des choses. Comme le disait Hölderlin dans son poème *Patmos* : « Où est le péril, là croît aussi ce qui sauve. »

Plus la vie est dure et compliquée, plus il faut la prendre simplement, et la prendre ainsi est déjà une contestation, une résistance. C'est précisément au moment où on rend la vie absurde qu'il faut d'autant plus l'apprécier, pour contrer ce qu'on fait d'elle. C'est au moment où règne superficialité et médiocrité qu'il faut insister sur la dignité et la noblesse de la vie, y compris de l'homme qui est tellement pris à partie et ridiculisé. Non pas même une écriture sur la vie, mais la vie là où elle se trouve, en elle-même, dans tous les lieux et à tous les moments.

Table des matières

Du même auteur

L'Oubli, révolution ou mort de l'histoire, coll. «Philosophie d'aujourd'hui», PUF, 1975; traduit en espagnol aux éditions Siglo Veintiuno sous le titre *El Olvido revolución o muerte de la historia*, 1977.

L'Artiste, coll. «Positions philosophiques», L'Hexagone, 1985.

Une vraie rupture. Méditations sur Fitzgerald, Lawrence, Nietzsche, coll. «Brèches», Hurtubise HMH, 1987.

Éros et liberté, Humanitas, 1988.

Du philosophe. Une attitude singulière et impersonnelle, Triptyque, 1988.

Vie, Humanitas, 1990.

Les Ailes du songe. Rêve et réalité dans la bulle humaine, Humanitas, 1992.

La Ligne de création, coll. «Essais», Les Herbes rouges, 1993 (prix de la Société des écrivains canadiens 1994).

À pierre fendre. Essais sur la création, Humanitas, 1994.

Méditations I. Penser et créer, Humanitas, 1995.

Le Silence de la pensée. L'Immanence une et multiple, Humanitas, 1995.

Méditations II. Voyager et combattre, Humanitas, 1996.

Logique de l'excès, coll. «Essais», Les Herbes rouges, 1996.

Composition : Michel Groleau

Achevé d'imprimer en septembre 1997
sur les presses de AGMV
Cap-Saint-Ignace, Québec.